农民社会与文化

人类学对文明的一种诠释

【美】罗伯特·芮德菲尔德 著

王莹 译

中国社会科学出版社

图书在版编目（CIP）数据

农民社会与文化：人类学对文明的一种诠释／［美］芮德菲尔德著；
王莹译.—北京：中国社会科学出版社，2013.6（2015.5 重印）
ISBN 978 - 7 - 5161 - 2872 - 5

Ⅰ.①农…　Ⅱ.①芮…　Ⅲ.①文化人类学—研究
Ⅳ.①C912.4

中国版本图书馆 CIP 数据核字（2013）第 134810 号

出 版 人	赵剑英
责任编辑	徐　申
责任校对	韩天炜
责任印制	王　超

出　　　版	中国社会科学出版社
社　　　址	北京鼓楼西大街甲 158 号
网　　　址	http：//www.csspw.cn
邮　　　编	100720
发 行 部	010 - 84083685
门 市 部	010 - 84029450
经　　　销	新华书店及其他书店

印　　　刷	北京君升印刷有限公司
装　　　订	廊坊市广阳区广增装订厂
版　　　次	2013 年 6 月第 1 版
印　　　次	2015 年 5 月第 3 次印刷

开　　　本	880×230　1/32
印　　　张	5.75
字　　　数	112 千字
定　　　价	25.00 元

凡购买中国社会科学出版社图书，如有质量问题请与本社联系调换
电话：010 - 84083683

罗伯特·芮德菲尔德小传

　　罗伯特·芮德菲尔德是美国著名人类学家、社会学家，同是也是世界著名人类学家，他出生于 1897 年 12 月 4 日，卒于 1958 年 10 月 16 日。他的妻子名叫玛格利特。他们共育有两子一女。女儿后来成为麻省理工学院城市规划系的名誉教授。一个儿子成为芝加哥大学的教授；另一个儿子不幸早夭。

　　罗伯特·芮德菲尔德原是毕业于美国的芝加哥大学。刚进该校时他只在校园里的实验室里工作，之后才进入该校的芝加哥学院学习，并从这里转入该校的法学院学习，最后才正式进入该校的社会学与人类学系学习，并从该系获得了博士学位。在他刚在该系读本科课程时，人类学作为一个学科还处于起步阶段，刚刚从博物院里的一个展品项目，转变成为一个专事系统地考察人类社会的行为模式和行为机制的学术性的课程。在芝加哥大学的社会学与人类学系里，人类学专业和社会学专业是紧密联系在一起的两个专业。

　　1927 年起，他在芝加哥大学开始了其教学生涯——担任该校人类学课程的讲师。之后，他就潜心于探讨这样一个课题：分散在全世界很多偏僻地方，而且仍然过着与外界完全或基本上完全隔绝的群体，是如何慢慢走向往现代化的外界靠拢的道路的？这就是他研究生涯的起点。终其一生他都执着地在这条路上探索前行，且成就斐然。

他最初是从事于对墨西哥境内的各种社区的调研。自1930 年起对墨西哥南部的尤卡坦进行了长达 16 年的考察，到过中国、印度、波多黎各以及欧洲考察。受到当地传统文化的影响，返美后在 R. E. 帕克的鼓励下研究人类学，而且写出了一批极具分量的、有很高学术价值的著作：1953 年他出版了《原始世界及其转型》（*The Primitive World and Its Transformation*）；1956 年出版了《农民社会和文化》（*Peasant Society and Culture*）；还有其它著名人类学研究著作。在出了这两部书之后，他的研究领域不断扩大。他自己也成为了一个著名的学术论坛的核心成员。这个论坛是一个多学科性的综合论坛，包括考古学，人类学基础上的语言学，物理学基础上的人类学，文化人类学，民族学等等。美国人类学会于 1935 年在其下属的社会科学研究委员会（The Social Science Research Council，简称SSRC）中，指派他与赖福·林顿（Ralf Linton）、米尔维勒·赫斯克维兹（Melville Herskovits）两位人类学者一道，负责成立了一个专门从事"文化变迁"（或称"涵化"）研究的委员会，对有关文化变迁的概念、研究课题、研究方法等进行研究整理。经过 1 年左右的细致深入研究，于1936 年发表了一份题为《文化变迁研究备忘录》的研究报告。虽然该报告仅有 4 页，但却给文化变迁下了一个非常精辟的定义，并将到当时为止的有关研究课题和涉及领域进行了科学的分类，对后来的文化变迁研究产生很大影响。

在从事学术研究的过程中，他逐渐觉察到当年在大学学习时，教师们给他灌输的观点是把各个社会都看成是一个孤立封闭的文化体系。但他在大学毕业后的长期调研中却逐渐明确地意识到：社会与社会之间是在不断地彼此交流着的。城市与城市之间，农村与农村之间，城市与农村之间都是在交流着。不仅如此，甚至农村的文化都不是封闭式的文化。人们的信仰和风俗习惯也都是在交流着的状态。所以他最终得出一个结论：把人群当作一个个孤立体去研究，那是荒唐的。他认为：要研究一个群体首先必须对它的广阔的背景做充分地了解。也就是说：不能只局限于从"小传统"（little tradition）的视角去观察一个群体，而应当采取更大的观察整个文明背景的角度去进行工作才能使调研工作走上正道，即应该从"大传统"（great tradition）的角度去规划和执行群体的研究。他于 1930 年任华盛顿卡内斯研究所副研究员。1934 年任芝加哥大学人类学教授、社会科学部主任。1944 年当选美国人类学学会会长（美国人类学学会英文全名为：American Anthropological Association，缩写形式为 AAA。美国人类学学会是世界上规模最大的人类学学会，有超过 12000 名会员，每年出席会议的全球人类学家达数千名之多）。1950 年当选为美国艺术与科学院研究员。

　　芮德菲尔德的研究方法和理论受到英国功能学派人类学的影响，同时在方法上还受到帕克为代表的芝加哥经验社会学的影响。他的理论贡献一是在对农村文化向城市文化变迁的研究中，对民俗社会和都市社会作以区分，并将两者看作文明的连续统一体。另一个理论贡献是提出了大传统与小传统的概念。前者指社会精英们建构的观念体系——科学、哲学、伦理学、艺术等；后者指平民大众流行的宗教、道德、传说、民间艺术等。代表作有《尤卡坦的民间文化》、《小社区》、《农民社会和文化》等。其中以《农民社会和文化》最负盛名。

目　　录

第一章 人类学和原始社会

　　一个陡然突兀地发育起来的事物在其初成长过程中往往是要显出一副毛手毛脚、甚至狼狈不堪的形款的。经历这种过程，不但是一般人在所难免的，就连在学术领域里某个新学科的冒头也往往是如此的。即便是个不论到哪儿都惹人喜爱的孩子，当他初到众人面前时，也往往是尴尬到不知把自己的两手两脚往哪儿放才好！现在我自己搞了人类学这一门学科；它目前正在成长。好了，它现在恰恰就显得有点笨笨拙拙，痴痴呆呆，简直不知怎么来摆弄自己才好似的！就我自己的本意来说，我是想在本书中以"事物在发展"的观点作为我的视角来展开对人类学这一门学问的内容的阐述的。按照我的这种思路来展开我对人类学的内容的阐述的话，也许会使我的读者在阅读本书的过程中心中有某种不舒服的感觉。然而我的用意一是在于使我的读者能领悟到人类学这门学问是正处于一个发育的状态中，二是在于争取他们对于人类学在其发展的初步阶段呈现出的半痴呆半尴尬的别扭样给予适当的体谅。从观察人类自身的发展中我看到了一种现象：一旦人们着手对某一事物进行探究，他们在研究中的注意力往往就逐步地往该事物的某种抽象的形象上集中，接着就逐步地围绕着该抽象的形象而建立起了这样或那样的学科或科学领域。一个事物的"抽象的形象"总是和实际存在着的该具体事物有着一定的差异的。前者只不过是大体上近似于后者而已。某一个学科一旦建立起来，它往往就会把它所专注研究的对象的某些特性或特质或是加以夸大，或是加以穿凿附会。但是，即便如此，我们还是要毫不含糊地指出来：尽管一个事物的"抽象的形象"在许多特定的方面存在着与实际事物的明显差异，但它却在整体上比现实中存在的具体事物更具有真实性；这是因为它在其"内在的本性上"更吻合柏拉图所定义的"实际存在"这一名词的概念。

在社会科学领域的有些学科里，"形象"这个概念是非常抽象的；从而使得"形象"成了与"具体的实际状况"八竿子都挨不着的玩意儿。经济学家的魂是全掉到市场里去了；所以在他们的脑子里就构思出了千奇百怪的市场；从而不但演绎出了种种非常微妙的关于市场的概念，而且还演绎出了种种妙不可言的市场行为的概念。这些概念有用吗？有！他们之所以有用恰恰在于这些概念一直和人类的实际的、具体的生活状况保持着相当大的距离。不过，在这里我要说，仅仅经济学是这样的。其他学科则未必都是让某件事物的"形象"来主宰一切的；因为在其他学科里常会存在不少虚无缥缈的"形象"。就拿社会学在美国的情况来说吧，别的不说，单是"城市"——**它是诸多社会问题的聚焦点**——的重要地位问题以及"外来移民社区"的重要地位问题，这么两个大问题——**即使是在既往的那些年代里**——就足够让美国社会学领域里的专家学者们个个攘臂而起，来对这两者的性质、特征等等狂发种种玄之又玄、高深莫测的理论。再拿心理学这门学科来说吧，在这个领域里也的确存在着种种影响巨大而又频频出现的"现象"；而这些现象也同样引发了众多人们站出来对之发表出种种抽象的理论。比如说，"那些经受着在它们身上做试验的痛苦的实验室动物们的问题"就属于这一类的"现象"。又如（在弗洛伊德心理学这个学科里）坐在心理咨询师工作室里接受心理治疗的那些精神状态出了问题的城市居民们的种种问题，等等。总之，在经济学之外的众多学科里，"形象"并不成为各学科的主宰。

在社会人类学这一学科里，究竟什么是该学科领域里的一再重复出现的现象，因而应该成为该学科萌发抽象理论的"形象"呢？我想这个问题的答案应该是很清楚的，那个形象就是：原始时代的人们缘于求生而形成的群体，或曰部落，也就是小型的、自给自足的群体。我搞了人类学，当初我赖以建立起它的全部资料乃来源于一位茕茕孑立、孤身一人的人类学学者。他只身前往极其远僻的一个地点。他到了那儿之后就和为数寥寥的当地居民共同生活了一段时间。这几个人终其一生的基本活动范围就是他们所居住的峡谷，他们的狩猎地，以及他们的祖先原先居住过的小岛。这位单身的、年轻的人类学学者给自己订下的此行的条件和目标大体上是以下几点：要到达的目的地必须是很遥远的；到达该地后能够找到作为一个小群体的当地居民；他们在生活方式和习惯上应该是彼此很近似的，而且都是较严格地按照同一种传统来生活的；对当地居民的生活状况的考察和记录完全可以由这位年轻的人类学学者独自完成，而且就只在这个当地居民小群体的范围之内就可以完成，而无需去寻找或调查当地居民的另一个小群体以做补充。

结果是：这位年轻的人类学学者基本上完成了上述的目标。

人类学这门学科是在十九世纪初才初露端倪的。那个时候客观环境还不允许任何一个人类学学者按照上面提到的所有那些目标和条件去进行人类学的开拓和探索。那个时代里的人类学学者所能做的基本上只是对整个人类总体的文化做些研究和探讨，而不可能对世界上所有的文化进行逐个的探索研究。他们能研究的是整个人类社会，但没有能力去对每个社会形态进行逐个研究。人类学的创始人是 E. B. 泰勒（E. B. Taylor）。他给我们留下的著作的内容所涉及到的是：宗教方面的和人的肢体语言方面的论述，其他的一般性的话题的论述，以及关于文化问题的泛泛论述。在他的著作里找不到有关某一具体的人的群体的总体生存状况的论述材料。不只泰勒是如此；与他同一时代的诸多人类学者，诸如弗雷泽（Frazer）、麦克伦南（Mclennan）等也是如此。到了十九世纪和二十世纪之交，有人就把开展人类学（**到这时有些人则把人类学称之为"文化人类学"**）研究归入到一项所谓"对世界上迄今为止仍鲜为人知的领域进行探索"的大规划中去，把它作为包含在该项规划中的一个具体项目。A. C. 海登（A. C. Haddon）是个动物学家；在 1888 年到 1898 年这十年间，他多次到大洋洲美拉尼西亚的托里斯海峡进行考察。在进行了这么一系列考察之后，他就一下子摇身变成一个人类学学家了。当他第二次动身去那儿考察时，他让 H. R. 里伏斯（H. R. Rivers）随行；目的是让后者到那儿后深入到当地的土著中去进行考察。里伏斯在当地对土著们进行了多种感官功能的测试，还记录下了他们的生活习惯。他是第一个采取了对当地各土著的家庭进行"登记家谱以厘清其家世"的举措的人，并把这一举措当作一种进行实地调查的正式工作方法来使用。后来，这一工作方法不断地得到完善，并被用之于推进人类学研究的扩展。到了今天，由于这一工作方法的应用，人类学研究在世界范围内解决亲属关系厘清的问题上获得了令人瞩目的成就。里伏斯以及其他的一些有关人士留下的对托里斯海峡一带土著居民进行考察的结果的文字资料是以一系列短文的形式公开发表的。每一篇短文只集中阐述一个专题。其结果是：他们发表的这些短文没能给后世提供一个陈述得很清晰的，关于托里斯海峡一带土著居民生活的总体状态的资料。不过，通过分析研究在人类学这一学科的萌芽期里产生出的种种有关风俗与文化的泛论性的文字资料以及专论性的文字资料，我们还是可以得出这样一个印象——在十九世纪里萌发出的初期人类学曾关注于人的原始型的群体的研究，而这个研究所得出的结论是：那些原始型的群体都是自给自足、各自抱团型的群体。其实最初始的、略带有点人类学萌芽型的研究起始于传教士。在人类学在世界上萌生之前很久的历史时期里，传教士们早就已经长期地生活到他们的祖国之外的国度去了。在 1851 年，那时摩尔根（Lewis H. Morgan）已即将成为一位人类学的学者了，他发表了一篇关于易洛魁印第安人生活状况的若干方面的调查报告。在 1888 年，弗兰茨·博厄斯（Franz Boas）发表了一份关于中部爱斯基摩人的生活状况的系统的调查报告。该报告对该地区居民的生活状况倒是做了一个全方位的报道，其不足之处在于未能对爱斯基摩文化所包含的诸多独立的文化因素是如何相互结合而酿成爱斯基摩文化的总体状况做出明晰的分析和说明。在 1900 年之前，在弗朗茨·博厄斯的协助之下，莫里斯·岂彻姆·耶苏普（Morris Ketchum Jesup）出资组成了一个出发到美洲和亚洲去工作的科学考察队。该考察队最后提交的报告对于美洲若干部落的印第安人以及西伯利亚的一些土著部落的人们的状况都做了详细的陈述，而且对所有这些部落的人的不同的文化也都陈述得较为完整。

　　海登、里伏斯和博厄斯这三个学者在动物学、心理学，以及生理光学这三个领域里都是科班出身的；后来他们都改变研究方向而从事人类学的研究，而最终成为了人类学的学者。在他们三人的教导提携之下，人类学这一科学领域里的第一批正规的人类学学者得以脱颖而出。以后，这第一批人类学的学者就分散到许多大学里去担任教职。这批人中有两位：A. R. 拉德克利夫·布朗（A. R. Radcliffe Brown）和 E. 马林诺夫斯基（E. Malinowski），在1922年分别出版了一本书，一是《西太平洋里的航海者》；另一是《印度洋里的安达曼群岛》。这两位都分别只身一人去到了非常偏远的地方，而且长期地和居住在那儿的、仅由几个人组成的、自给自足的土著小群体生活在一起。然后，这两位才回来，各自写出一个报告来陈述那儿的居民的文化总体状况。这样的报告不仅要陈述当地的文化的总体状况，还要清楚地陈述形成该文化的方方面面的、彼此互动的因素是如何运作的。马林诺夫斯基所提出的是一个关于特罗布里恩人（Trobriands）的长篇连载的报告。这一类的报告在发表后越来越吸引全球的注意力；而且由于这一类出版物的推动，这种单身远赴人迹罕至的地区去做人类学的调研的工作方式就逐渐被公认为开展"社会人类学"研究的正式途径了；而人类学的学者们也把这种途径视为自己的天职。就这样，一个个人类学学者只身出动了，回来后就提出一个报告来叙述他所去的那个地区的自给自足的小型群体是怎么有条不紊地按照他们自认为是理所当然的方式来保持世代不断地延续生存下去。每份这样的报告都一概只是由一个这样地出动到远方去做调查的人类学学者写出来的；其内容都不外乎陈述一个绝对是自力更生，半点外援也不依靠的小型群体的全盘的生存状况，以及在这种生存状况下所形成的文化的总体状况，和形成这种文化的诸多互动因素间的种种具体的关联状态。特罗布里恩人为了生存而必须不时地派出一个会做贸易的小团队去周围地区张罗做生意。他们的这么一项活动也成了他们的文化的一个组成因素。你如果去读一读拉德克利夫·布朗写出的关于安达曼群岛上人们的情况报告，你就会发现他的报告里几乎一字不提在他对之做了调查的那几个小群体之外是否还有什么其他的、他当时未曾对之做调查的小型群体存在。这是为什么？这是因为他所曾对之做过调查的那几个小群体是分别处在完全与世隔绝的状态下生存的。你不妨把每个这样的与世隔绝的小群体想象成它只是一个单独的个人在那里生存着，而不是由若干单个的人组成的小群体在那里生存着。所以，像这样的一个小型群体是不需要什么外来的人来为他们记录下他们的生存历史的；因为他们本身就没有文字，他们也不需要去保存他们祖先们的，或他们自己的生存经历的记录。

在对这种原始型的、与外界完全隔离的、完全自给自足的小群体的特点有了深刻的体会的情况下，社会人类学的学者们拟订出了他们到这样的小型群体中去进行调研的具体方法，而且也设想出了如何能使被调研的小型群体的情况可以拿来与外界的相关情况进行恰当的对比分析研究的具体办法。为了在调查完一个与世隔绝的小型群体之后能写出一个全面又恰如其分的、具有启发意义的调查报告，他就必须成为一个具有通晓整个社会科学这个大领域里的所有学科知识的百事通。只有这样，他才有可能在调研完并掌握了一个小型群体的全面情况之后进而剖析出它的各方面活动中所蕴含着的经济学层面上的家政学层面上的、行政管理学层面上的以及宗教学层面上的内容。像这样的具有原始人类社会形态特征的小型群体的生存活动范围的有限性和它的活动方式的规律性也是很有利于一个前往做调研的人类学学者在调研结束后撰写出他的调查报告的，而且很可能会促使他的内心里萌动出这样一个念头：应该尽可能全面地把这个小型群体的生活方式披露给全世界。生活在我们的文明世界里的莘莘学子日常所能读到的资料都不外乎是关于一个庞大的整体的某个小小侧面的一鳞半爪式的报导——**比如像一个城市里的某个贫民窟的报导，少年犯罪的报导，某个新定居点的模式的报导，一个农贸市场的报导，等等**。然而人类学的学者所提供的报导则相反。他们所提供的是一个小小的整体的一切方面的十分细致的报导。凡是这种小小的整体倒往往有这样一种特征，即它的所有的组成部分都彼此紧密地关联着和紧密地互动着。如果一个人类学学者在调研了一个这样的小型整体之后想对它的某一个具体的组成部分进行报导的话，只要他一着手报导该组成部分，他马上就会发现他不得不同时也陈述与该部分有密切关联的众多其他的组成部分。如果把这样一个小型群体的全部风俗、习惯、规矩、禁忌、生活方式、思维特征都当成一种特定的文化的方方面面的话，那么我们应该承认这种文化是一种非常独特的文化。如果我们把这样一个小型群体看成是一个社会的话，那么应该说：一切在其他社会里曾出现过的社会关系在这样的一个小型社会里也几乎全部出现了。所以说：诸如"文化"、"社会结构"、"基本类型"，以及"人类学意义上的整体论"等等这些社会学的基本概念都是可以适用于对这些小型群体社会进行的研究之中的。

这些小型原始态群体社会无一不是无所依傍独立存在的实体。后来由于有越来越多的人类学的学者们对它们进行了调研，并提出了众多有关它们状况的报告，因而使人们发现它们相互之间有颇多类似之处。由此人们进而在理论上提炼出了一个关于这些小型原始态群体社会形态的抽象理论模型。这个小型原始态群体社会的理论模型后来就被用作为通常人类学研究中使用的一种模型，作为一个典型的小型原始态群体社会的实体来看待，还被用作为进行比较和概括的标准或工具。随着人类学研究越来越深入的开展，社会人类学这一学科在其核心研究的内容上逐渐地转变成为探索和研究那些独立的、地处世界最远僻地点的社会有机体的发展史的历史学科了。所以在前不久克罗伯（Kroeber）说出了这样的话："所以啊，搞人类学研究的

学者到头来就不得不这样去想：在他的研究视野里存在着
这么多的说是文化也罢，说是社会结构也罢，说是社会制
度也罢的实体。尽管它们之间存在着可以相互比拟的方
面，但是归根到底它们之中的每一个都是明显地有别于它
们之中的其他任何一个的。"① 由于发现了这些小型原始态
自给自足的小型群体社会，人们这才知道世界上还存在着
这样的自然形态的人群实体，或曰自然形态的生活方式，
或曰自然形态的社会有机体。这个发现给社会人类学——
**这个探索和研究那些独立的、地处世界最远僻地点的社会
有机体的发展史的历史学科**——提供了大量的研究资料，
因为社会人类学的研究对象就是人。社会人类学的出现和
发展证明了哈顿早前说过的话是对的，他说过："天涯海
角无处不存在着形形色色的、自生自灭的小型群体，有点
像动物的小种群那样地存在着；每个这样的小型群体都有
它自己的文化以及小型而孤立的社会结构。"人类学学者
们去分别地记录和搜集他们所调研过的这样的小型群体的
各方面资料，然后拿回到他们各自的实验室，以对这些资
料开展比较分析的研究，企图从这些资料中探索出这些小
型群体是否在其社会结构方面、社会功能方面，以及社会
演化过程方面存在着什么规律性的现象。

　　应该说，这些小型群体的实际的、真实的状态当然不

---

① A. L. Kroeber, in *Method and Perspective in Anthropolology*, ed. Robert
F. Spencer（Minneaapolis University of Minnesota Press, 1954）.

像当年的人类学学者们所想象的那样，因为在它们身上其实并不存在着什么社会结构方面、社会功能方面，以及社会演化过程方面的规律性的现象。靠保持众多的、老死不相往来的小型群体的持续存在是不可能使整个人类在地球上不绝种的。即便说文明在地球上出现之前人类曾是以极度分散的、孤立的、自给自足的小型群体的方式来维持它在地球上的存在的，但是在人类学学者开始在我们的地球上最偏僻的角落里发掘出了：尚有那些小型群体的存在的若干万年前的人类，就已经不再采取以"保持众多的、老死不相往来的小型群体的持续存在的方式"来保持整个人类在地球上的延续存在了。有一件事是很有趣的，不妨在这里说一说：正值早年的人类学学者们起劲地在那里把"深入偏远地区去考察那里的与世隔绝的、自给自足的小型群体"当作开展人类学研究的标准工作模式来加以大树特树的那个时候，格拉汉·沃利斯（Graham Wallas）正着手在写一本书。该书的中心内容是要呼唤人们注意这样一个事实：整个世界现在正不断地融合成为一个巨大的整体社会①；而就在人类学学者们对偏远地区里的孤立的小型群体大肆倾注他们偏心的关注的时候，这些孤立的小型群体却正悄悄地在那里自动地往外界的巨大社会靠拢。更有意思的是：不是别人，而正是那些深入到这些偏远地区里的孤立的小型群体里去做调研工作的人类学学者们自己，被这些孤立的小型群体利用来充当它们企图向外界的巨大

---

① Graham Wallas, *The Great Society* (New York : Macmillian Co., 1914).

社会靠拢的工具之一。在发生了这一切之后开始出现了这样的现象：越来越多的人类学学者开始转而从事对那种与其周边的若干群居体往来既繁多又复杂的较大型的群居体进行调查研究工作。当这样的人类学学者们转向对这种较大型的群居体进行调查研究时，他们并不介意它们在过去是否已经被另外的人类学学者调研过了。到这时为止，人类学的研究目标和研究内容实际上已与它在刚萌生时所订下的有所改变了；不过人类学对于自己的这种改变是并不介意的。到此，人类学的研究目标和内容就变成是"对生活在所有的社会和文化形态中的所有人种进行研究"。在1923年的时候，拉德克利夫·布朗被推选为人类学学会的主席。他在获选的大会上致辞道："今后我们的社会人类学以及文化人类学的任务是开展对于世界上各个尚未开化的人群的研究。"为了把这个任务表达得更具体些，他是这样说的："给这两门学科树立这样的目标是为了使我们自己今后在和各个在自然状态下生存着的人种群体打交道的过程中不犯种种荒唐的错误。"[1] 可是到了1944年，他却是这样来陈述社会人类学以及文化人类学的任务了；他说："社会人类学的研究对象是把整个地球上存在的形形色色的人类社会全都包括在内的。"[2] 在1951年的时候，在关于社会人类学以及文化人类学的任务的问题上，伊文

---

[1]　A. R. Redcliffe-Brown, "The Method of Ethnology and Social Anthropology", *The South African Journal of Science*, XX（October 1923）, p. 143.

[2]　A. R. Redcliffe-Brown, "The Meaning and Scope of Social Anthropology", *Nature*, Vol, CLIV, No. 3904（August 26, 1944）.

思—普理查德（Evans-Pritchard）是这样说的："从理论上说，社会人类学的研究对象应该是世界上存在的所有人类社会；它应该是社会学这个大领域里的一个学科，而且其主要的任务应该是开展对类似原始人类时代的那种形态的社会的研究。我想把社会人类学的任务做这样的认定应该能为众多的人类学学者们所接受。也许只有那些坚持认为即便仅仅是在研究的具体操作上，而不是在理论上，偏重于做对原始人类时代的那种形态的社会的研究都是不可接受的人类学学者们才会对我的这种说法持有异议。"① 早在1939 年劳埃德·华纳（W. Lloyd Warner）② 就曾出面主张说："社会人类学的研究对象应该是一切类型的人类社会，既包括原始型的社会也包括开化型的社会，既包括简单型的社会也包括复杂型的社会。"他不仅这样主张，而且是身体力行地去实践他的这个主张。为此他既去调研极端原始形态的社会，也去调研极端复杂的开化的社会。在这方面美国的人类学学者们的行动是十分积极主动的。他们主动地揽下了一大批对开化了的人们进行的调研任务和对民族国家的调研任务；不仅如此，他们还揽下了一批对全球性的事态——诸如工业化问题、城市化问题等——进行调研的任务。在前面提到的拉德克利夫·布朗在获选的大会上致辞的那件事发生之后的第二十八年，拉尔夫·比尔斯

---

① E. E. Evans-Pritchard, *Social Anthropology* (London: Chen & West, Ltd., 1951), pp. 10—11.

② W. Lloyd Warnner, "Introduction", in *The Irish Countryman*, by Conrad M. Arensberg (New York: Macmillan Co., 1937), P. viii.

（*Ralph Beals*）[1] 在他为获选担任人类学学会主席而发表的讲话中表示，为使人类学和社会学之间能萌生出更紧密的联系，他希望学者们能归纳或创造出这样的一种理论：这个理论的功能是能使"亚洲城市学"、"文化适应学"和"社会学的城市规划学"这三门学问统一成为一个单一的学科。到了今天，人类学——特别是美国的学者所推进的人类学研究——的研究对象已是包括了几乎一切与人类有关的事情了。

到了今天，在通常情况下人类学学者所调研的对象都是或则关联于某种形态的文明，或则关联于某种形态的民族国家的一个组成部分。近期来出版了若干人类学学者的著作，都是报导对马来亚[2]、缅甸[3]、巴拉圭[4]、中国[5]、加拿大的法语区[6]、比利时[7]，以及美国的密苏里州[8]等地

---

[1]　Ralph I. Beals，"Urbanism，Urbanization and Aculturation"，*American Anthropologist*，LV，No. I（January-March，1951），I—10.

[2]　Raymond Firth，*Malay Fishermen*；*Their Peasant Economy*（London：Kegan Paul，Trench，Trubner & Co.，1946）.

[3]　Edmond R. Leach，*Political Systems of Highland Burma*：*A Study of Kachin Social Structure*（London：London School of Economics and Political Science，1954）.

[4]　Elman R. and Helen S. Service，*Tobati*：*Paraguayan Town*（Chicago：University of Chicago Press，1954）.

[5]　Morton H. Fried，*Fabric of Chinese Society*：*A Study of the Social Life of a Chinese County Seat*（New York：Friedrick A. Praeger，Inc.，1953）.

[6]　Horace Miner，*St. Denis*：*A French-Canadian Parish*（Chicago：University of Chicago Press，1939）.

[7]　H. H. Turney-High，*Chateau-Gerard*：*The Life and Times of a Walloon Village*（Columbia University of South Carolina Press，1953）.

[8]　James West，*Plainville*（New York：Columbia Univesity Press 1945）.

方的社区做了调研的结果的。伊文思-普理查德出版了一本关于在殖民地制度下的一个回民社会的发展史的书籍①，本尼迪克特出版了一本关于日本的书籍而变得声望卓著②，罗维教授出了一本关于德国的书籍③，一位法国的人类学学者出了一本其内容是把一个法国的村庄和美国犹他州的一个村庄进行对比④的书。一群美国的人类学学者把整个波多黎各调研了个遍⑤，另一群美国的人类学学者们则把全日本的所有工业组织都调研了个遍。⑥ 越来越多地出现这样的情况：某一单个的人类学学者与别的领域的科学家共同出发去进行某项科学调研工作。有时是一个人类学学者和一个经济学者一同到印度的一个村庄去进行调研；有时是一个人类学学者与其他一些科学家前往南海去考察，同行的可能就有几位目的在于考察投影测试法的应用效果的心理学家。现在的人类学学者们已不再进行对偏远地区的原始形态的、且孤立地存在的、小型群体的调研了，也

---

① E. E. Evans-Pritchard, *The Senusi of Cyrenaica* (Oxford Clarendon Press, 1949).

② Ruth Benedict, *The Chrysanthemum and the Sword* (Boeton: Houghton Mifflin Co. , 1946).

③ Robert H. Lowie, *Toward Understanding Germany* (Chicago: University of Chicago Press, 1954).

④ Henri Mendras, *Etudes de sociologie rurale:. Novis et Virgin* ("Cahiers de la Fondarion Nationale de Sciences Politiques" [Paris Librairie Armand Colin, 1915]).

⑤ Julian Steward, *et al.* (forthcoming).

⑥ Iwao Ishino and John W. Bennet, "The Japanese Labor Boss System: A Preliminary Sociological Analysis" (Ohio State University Research Foundation and Department of Sociology, Report No. 3 [*Columbus, April,* 1953]).

不再去调研那种坚持自给自足、自生自灭的生活方式的小型群体了，也不再像过去那样单枪匹马地到远方去与那里的孤立小群体长期同吃同住了。由于现在的人类学的研究对象的范围经历了一次既突然又广袤的扩展，所以人类学学者的工作习惯目前正处在一个大变化的阶段。可是，就当前人类学学者们的研究展开情况来说，他们在工作习惯上改变的幅度还太小，适应不了现在他们的调研对象范围扩大的新局面。他们在这种新的局面面前感到力不从心，这是因为在进行工作时他们旧的思维惯式仍在那里起主导作用。他们还是拿当年他们"单枪匹马深入一个孤立的工作地点之后就完全再不顾及其他"的那种工作作风去应对已大大地扩展了的研究对象范围的局面。有时他们还想着再出动去寻找出一个在偏远处孤立自给的、真正原始型的小群体来做调研，但却往往发现去寻找这样的一个小群体在现今是要投入很大很大的成本的。所以——**正像克罗伯描述的那样**——在无可奈何之下，有的人类学学者就转身乘上地铁去到波士顿市里一个亚美尼亚人聚居的社区里去做调研了①，因为这样的一个社区的状态是在他目前所能掌握到的资源的条件下能找到的最接近于一个在偏远处孤立自给的真正原始型的小群体的状态了。去到这么一个亚美尼亚人聚居的社区里去做调研所要投入的成本那就低得太多了。不仅如此，在一个人类学学者完成了对亚美尼亚

---

①　A. L. Kroeber, in *An Appraisal of Anthropology today*, ed. Sol Tax, *et al.* (Chicago：University of Chicago Press, 1953), p. 360.

人聚居的社区的调研并取得结果之后——**或者完成了在日本的一个社区的调研取得结果之后，或者完成了在美国的密苏里州的一个城镇的调研取得结果之后**——他可以把这样的调研结果拿去和他在往昔获得的偏远处孤立自给的真正原始型的小群体的调研结果进行对比分析。从这样的对比分析中获得的资料对他在以后如何去做新调研项目——**比如说：他在以后去做对安达曼群岛的土著的调研项目；或者去做波多黎各的或日本的调研项目等**——会有启发的，而且还会促使他看出新型的孤立的自给自足的小型群体和旧式的在偏远处孤立自给的真正原始型的小群体之间有什么差异。在认识了上述的两者之间的差异之后，他就会更易于理解扩大了研究对象范围的新人类学的意义，以及为开展新人类学的研究而需要采取的新的工作方式、方法的意义。由于采取了通过探究现代民族国家所体现出来的"民族魂"或"民族个性"这样一个途径来探究这一类型的现代国家，玛格丽特·米德已经在展开对它们的研究方面处于领先的地位了。她甚至可以在不进入她所研究的一个民族国家的国境内的情况下对该国开展研究；比如说，对于俄罗斯她就是这样做的。这样的一种工作方法是完全不同于过去的人类学学者对于特罗布里恩人的调研，或是对于安达曼群岛居民的调研所采用的那种工作方法的。不过在阐述人类学在促进开展对于各种当代的文化的研究方面曾做出的贡献时，她提出了这样的一个意见：在对各种当代的文化开展研究的过程中，应该恰当地"把原始形态的小型社会视为一种理论模型来加以使用"①，因为孤立的、自给自足的社会已经成为了原始形态的小型社会留在人类学学者们头脑里的经典"意象"了；若没有这个"意象"，那么社会人类学这个学科就建立不起来了。

我自己曾出了若干种著作②，都意在阐明：应该把原始形态的小型社会看作是人类学的理论模型。甚至连玛格丽特·米德——**她是研究现代民族国家的民族魂的，而民族魂和原始形态的小型社会的研究是风马牛不相及的**——都感到在民族魂的研究中需要用上原始形态的小型社会这一理论模型。在我的著作里，我竭力想阐明：我们应该把原始形态的小型社会的生活方式及其文化看成是在其孤立性和自给自足的程度上远高于安达曼群岛上的居民的。我的这些著作出版了以后就可以为那些在开化了的国家的农村里，或民族国家的农村里做人类学调研的学者们提供一个可以用之于他们调研的理论模型。他们的手里有了这样的理论模型当然就易于看出他们的调研对象与理论模型之间的差异。墨西哥或巴西的农村生活方式和文化就和理论模型所提供的有关资料大有差异。每遇到这种情况便会有不少的学者认定那是由于理论模型提供的资料错了。但我却宁可说：我们经过对这么多的第一手调查资料做核对、

① Margaret Mead, "National Character", In *Anthropology Today*, ed. A. L. Kroeber (Chicago University of Chicago Press, 1953), p. 653.

② Robert Redfield, "The Folk Society", *American Journal of Sociology*, LII, No. 4 (January, 1947), pp. 293—308; "The Natural History of the Folk Society", *Social Forces*, XXXI, No. 3 (March, 1953), pp. 224—228.

分析、归纳、总结而最后得出的——**被玛格丽特·米德认定为**——"理论模型"应该是不会错的。它是"理论模型",而不是某一个特定的,或具体的原始形态的小型社会的模型。一个理论模型是用来引导和开拓后断研究的。使用了它才会使得你已获得的某个具体的被调研对象的资料的用途彰显出来。只有在理论模型的指引下才会使你易于发现新的理论模型。

如果一个学者在把他从自己的调研中获得的资料拿来与理论模型做了对比之后可能会得出这样的结论:过去形成的对他的调研对象的总体看法是错误的,应当矫正。但是也有可能出现这种情况,即:在一个学者把他从自己的调研中获得的资料拿来与理论模型做了对比之后得出的结论是:他对之进行的调研的对象在若干主要的方面与理论模型相距甚远。在使用了理论模型之后即便出现了刚刚在上面说到的那两种情况,那都是无关宏旨的。使用理论模型的关键意义在于引导人类学学者去认识在进行研究过程中他的注意力应指向何方。在人类学学者调研了若干个社区或群体之后,拿着他获得的调研结果去与理论模型作比较,从而会发现哪些社区或群体的状况出现了异常。这样他就会想:既然出现异常情况的社区都和城市或城镇联系密切,而这些城市或城镇里都驻有政府的机构,既然出现异常情况的社区也和全国大部分社区一样生活着生活方式略有差异的市民和农民,那么为什么其他社区不出现异常情况而偏偏这几个社区会出现呢?这样,人类学学者在研究中的注意力便得到了恰当的指引。

到如今，人类学学者们都已普遍认识到了这样一个道理：所谓小型社区实际上在社会结构上和文化传统上都和比它们大的社区保持着千丝万缕的联系。所以他们对于更大型和更复杂的社区变得越来越关心了。不仅如此，他们还关注到欧洲以外的世界其他部分，比如那些生活在世界上已开化了的国家之外的各种氏族部落型的社会形态。具有氏族部落型的社会形态的国家往往都发展成了完全由本土出生的人组成的国家。近年来已有两位很杰出的、专门研究古代中美洲的土著人文明的学者公开承认：古代中美洲的土著人远在西班牙征服者来入侵他们的土地之前很久便已经在自己的土地上建立起了城市和城镇。基尔霍夫（Kirchhoff）[1] 这样来描述古代中美洲土著人的社会："那时的中美洲土著人社会结构的特点是：不同的社会阶层早已形成了，颇像今天我们的或中国人的社会结构。城市和乡村成了他们的社会形态的主轴。"关于古代中美洲土著人的社会，彼德罗·亚米拉斯教授是这样描述的："在古代玛雅人的社会里，在非常狡诈练达的贵族阶级——**他们都居住在由'神祇'来施以庇护的城市里——**和过着甚为

---

① Pau Kirchhoff, "Four Hundred Years After: General Discussion of Alculturation, Socia change, and the Historical Proveniience of Culture Elements", in *Heritage of Conquest*, ed. Sol Tax *et al*, （Glencoe, Ill, .; Free Press, 1952）, p. 254.

原始的人类生活形态的农耕大众之间存在着一道深深的鸿沟。"① 当然，我们今天在中美洲已再也看不到那种存在于古代印第安人中间的原始状态的城乡差别和阶级差别的痕迹了。近期来出版的有关南美洲和中美洲的土著居民社会状况的调研资料往往是拿两地土著人社会之规模大小以及社会里政治关系之复杂程度来作为给他们各种形态的社会划分类别的主要依据。根据这两条主要依据，这些近期出版的调研资料把上述土著居民的各种形态的社会归并为如下的几类：（1）清一色的氏族部落型的社会，（2）若干个氏族部落联合组成的社会，（3）基于政治纽带而组成的酋长制的社会，（4）封建制的国家，（5）城邦制的国家，以及（6）神权制的帝国。②

　　那些调研非洲各地由其本土人组成的社会的人类学学者们在分头启动他们的调研项目之后不久，便开始意识到在他们所选定的调研对象中有若干在其实际社会性质上根本就不属于孤立型和原始型的社会的范畴。不过在非洲的那些不属于孤立型和原始型社会的范畴的社会相互之间的差异是相当突出的。在西非就存在着若干个"规模颇大但部族又分布很分散的"非原始性孤立型的社会。居住在尼

① Pedro Armillas, "The Mesoamerican Experiment", in The Way of Civilization, er. Robert J. Braidwood, MS.

② Kalervo Oberg, "Types of Social Structure among the Lowland Tribes of South and Central America", American Anthropologist, LVII, No. 3, Part I (June, 1955), pp. 472—487.

日利亚中部的蒂夫族人组成的社会就属于这种类型。该族
的人口大约一百万；他们都是同宗的，人与人之间都有亲
缘的纽带存在。他们这个社会所居住的面积是很广阔的。
一个人类学学者到这样一个清一色的氏族型社会里去做调
研时采用各种方式的直接观察法就可以了。这是因为他
"对他调研范围内的某一位个人进行调研所获得的结果"①
完全可以看作是能代表该个人所从属的那个——**即便是规
模较大的**——整体的轮廓的。进入了这样的群体里，一个
调研者只需对有限的几个人进行考察就可以了；因为这样
的几个人的亲属纽带状况便可以代表了整个氏族——**比如
像蒂夫族，它的人口就有一百万**——范围内的亲属关系的
网络。在这样的氏族里，不论是一个个人，或是一个家庭
的群体，或是一个小小的定居点里的任何一个人都和氏族
里的任何一个其他人存在着某种亲缘关系。因此，整个氏
族不是由统治阶级和被统治阶级，或城市居民和乡村居民
来组成的，而完全是由亲戚和邻居来组成的②。在这样的
氏族社会里，人们是按不同的小派系或不同的村落来分别
集中在不同的地点居住的。也就是说：颇像苏丹国的努埃
尔氏族那样。像这样的一种具有发展扩大潜力的亲缘性
的、睦邻性的、血缘及感情的纽带网络（当然这种纽带网
络也有与其或对立的、或疏远的、甚或敌对的纽带网络的

---

① Daryll Forde, "The Conditions of Social Development in West Africa, Retrospect and Prospect", *Civilization*, Ill, No. 4 (1953), pp. 471—489.

② Firth, *op cit.*, p. 49.

存在）里的各部分都分别具有较强的向心的倾向。①

在非洲，除了上述的氏族型社会结构之外还有与其形成对照的、完全由本地土生土长的人群组成的原始形态的国家。在这一类的国家里，实行的是中央集权制，全国各地的老百姓都由中央政权授命的地方性的集权机构来统辖。这一类地方性的集权机构是凌驾于当地的所有小型社区之上，并直接统治着它们的。格拉克曼就曾经描述过居住在中非的洛济族人的这种小型社区的情况。他不仅是从它们内部的人际关系的这一视角，而且也从不同地区的村民们如何拐弯抹角地设法与远离他们各自村子的形形色色在集权体制下的拥有行政实权的权力机构套近乎拉关系的视角来描述洛济族人的这种小型社区。在对洛济族人进行调研的过程中，格拉克曼原本是应用人类学传统的调研方法的。但随着他的调研的深入，他发现他有必要也对由洛济族人建立起的、并完全由其本土人组成的国家的全貌进行摸底；因为他发现这个洛济族人的国家里各个地区彼此之间是非常团结的。其团结的紧密程度毫不亚于世界上的现代国家里各个地区之间的相互紧密团结的程度。洛济族人的国家里各地区间存在着紧密的团结可以从一件事得到明显的证实：它们对中央集权政府各个权力部门发布的各

---

① Laura and Paul Bohann, *The Tiv of Central Nigeria*：*Akiga's Story* (London：International African Institute, 1953), trans. And annotated by Rupert East (London：Oxford UniversityPress, 1939).

种指令或措施的反应从来都几乎是完全一致的①。自从人类学学者们深入非洲进行调研之后，在调研的过程中出现了多得不可胜数的具体调研活动，它们都逼得调研者们不得不放弃他们以往在进行原始型自给自足的小型群体的调研中采用过的方式或方法。比如说，他们现在就常遇到诸如大型的市场，商品的生产和分配制度（这还牵涉到大量的人口从他们原先的极为分散的——**有时不只是居住极为分散，而且在传统和文化方面也极不相同的**——居住地往别处迁移）等等问题；而这些问题都是一些他们在对原始型自给自足的小型群体进行调研中不可能出现的问题。说实话，迄今为止，恐怕还没有一个人类学学者曾对像在非洲大陆出现过的市场体制进行过全面的调研。话说到这里不禁使我想起了那些在非洲原始形态的国家里存在的、纯由非该国本土居民——**即迁徙入该国定居的外来的异族群体**——组成的各种"亚社会"的情况。就拿上面提到的洛济族人来说吧（这里不妨也说说居住在罗得西亚的洛维杜人的情况②）；在这里进行调研时，人类学学者往往不但会看到一大批宗旨各异的文化群体竟都加入到同一个政治性的团体中去成为该团体的成员，而且还会看到有时是若干个部落的所有成员，有时是若干个部落里的部分成员竟会向同一个宗教领袖宣誓效忠。在西非，在由纯土著人组成

① E. E. Evans Pritchard, *he Nuer* (Oxford: Clarendon Press, 1950).

② *Seven Tribes of British Central Africa*, ed. Elizabeth Colson and Max Gluckman (London: Oxford University Press, 1951), p. 39ff.

的国家的数量增长的同时，城镇和城市的数量也在增长。
这两者共同增长的和谐程度恰与赫斯科维茨所报道的在达
荷美出现的城市居民数量和乡村居民数量在增减上成了彼
此相克的你死我活的敌对程度形成了突出的对比。赫斯科
维茨在他的报道中说达荷美的城市居民对乡村居民持极为
傲慢的态度；反过来，"那儿的农村居民则采取完全类似
于欧洲的农民对城市居民的态度；也就是说：他们对城里
人是疑心重重，躲躲闪闪，待答不理的"①。简而言之，西
非正在发展着它自己的文明，以及它自己的农民的群体。
近年来，由于与欧洲的生活方式接触得多了，非洲除了在
发展它自己土生土长的文明（或曰"不十分够分量的文
明"）之外还蹦出了一大堆新的组织、机构、规章制度之
类的玩意儿。今后到非洲去工作的人类学学者们难免就得
肩负起研究考察各种各样的超越了部落氏族范畴的组织、
机构、规章制度等——**比如：有资格代表一个大的区划里
的居民利益的各种政治性的会议组织，各种合作社，各种
市场营销机构，由迁徙入城区的农民们组成的各种互助
会，手工业者的行会，工会，各种教会，各种俱乐部，各
种政治团体等等**——的任务。非洲正在向不同形态的、新
式的、大型的、却又是多元化的社会转型。再下一步，它

---

① E. Jenson Krige and J. D. Krige, *The Realm of a Rain-Queen: A Study of the Pattern of Lovedu Society* (London: Oxford University Press, 1943).

就要变化成为民族国家了①。

美国的人类学学者们已经着手于从不同的方位来对民族国家以及居民的城镇化的问题进行研究了。有一批学者——其中最广人知的要算是华纳和他的团队了——已经着手于展开对美国城市和城镇的研究了。在上文中我已经提到了有些学者在对"民族魂"（或曰"一个群体的特点与气质"）的问题进行研究。这些学者已经断然放弃了对原始型孤立生存的小型群体的探究，转而来对复杂多元的社会结构和它的文化进行研究。此外，还有一些人类学学者正从事于对亚洲、中东、欧洲和拉丁美洲的小型社会结构的探讨。本书的中心内容是对各种类型的农民社会和它们的各种文化进行探讨，而那些正从事于亚洲、中东、欧洲和拉丁美洲的小型的社会结构探究的人类学学者们的主攻方向恰恰就是本书所要探讨的内容。

一直到若干年前，人们都是这样认为的：亚洲、非洲和欧洲的农民问题都不应该是人类学所应关注的事，而应该是某些别的学科的研究对象。那时的人们认为对欧洲和亚洲的农民问题感兴趣的只会是那些潜心于探究这两个洲里农民的某些较特殊的组织、机构、规章制度的起源——**特别是农业生产性的组织、机构、规章制度的起源——**的

---

① Melville J. Herkovits, *Dahomey: An Ancient West African Kingdom*（New York: J. J. Augustin, 1938）.

经济学家、社会学家，以及历史学家①。在那时，人类学学者们认为他们自己应该专门关注的只应该是这样的课题，如：农民对各种土地所有制的态度问题，农民对于整个封建制度的态度问题，等等。在他们看来，民俗的研究以及对民间的——**实际上是对农民的**——生活方式的研究和他们从事的对原始型的小群体生活方式的研究是两个互不相关的课题。在那时，凡是从事经典式的农民生活方式研究的学者们是决不做全息性的农村社会研究的；凡是从事经典式的农民生活方式研究的学者通常的研究实践的内容不外乎搜集有关农村风土人情、风俗习惯方面的资料，搜集手工艺品及有关资料，以及绘制与上述资料有关的地图等等。经典式的农民生活方式研究领域里的这种研究实践的模式和气氛是由来已久的；其结果就是积累下了一大堆的条分缕析、现象罗列的文字资料，一大堆规划、方案和问卷答案，一大堆关于被调研过的诸多种文化的细枝末节方面的——而不是被调研过的诸多种文化及它们社会的全方位的——对比分析的文字资料。这一类学者的头脑里根本就没有"把原始型的社会当作理论模型并对它只做有节制地使用"的概念。这是一个方面的情况，另一个方面的情况则是：在那时，法、德、英三国的人类学教授和专家们基本上是既不关心各自国家里的，也不关心其他国家

---

① *Paul Honigsheim*, "*Max Weber as Historian of Agriculture and Rural Life*", *Agricultural History*, XXIII（July, 1949），179—213.

里的农民和农村情况的调研。只是到了近几年才有英国的一些人类学的教授开始着手对英盖伦以及威尔士的农村社会做些调研，并且开始派他们的一些学生去挪威或者英属圭亚那的农村去做调研。

美国的人类学学者们只是在放弃了对北美土著人的调研而转向对当代中美洲和南美洲的农民生活进行调研之后，他们才破天荒第一次肯承担起对农民问题的研究，并且在这方面投入了空前的大量人力和物力。此举带来的一个不是很广为人知的后果是：美国的人类学学者们开始增强了他们对农民问题研究的重要性的认识。正如我在上文里已指出的，当人们对"文化"这个概念的内涵达成共识之后，那么接着他们就会倾向于把一切类型的文化——**包括早期人们研究过的那种原始孤立性的文化在内**——都看成是完全相互独立、彼此平等的实体，并认为它们相互之间在各个方面都存在着可比性。他们会认为在历史的早期就生活在加利福尼亚地区的或说是生活在落基山以东半干旱地区的那些部落组成了一个不断壮大的、多部落混居的群体；在过去，人们对这些部落都曾进行过调研，并把调研的结果都记录在案了。它们（这些部落）的历史其实就是居住在北美地带的人类祖先的历史。美国的人类学学者们认为：由于这些部落在它们生存发展的过程中有过迁徙扩张，以及在这些部落之间存在部落文化方面的相互交流，因而使得今天的人类学的学者企图回溯它们的历史和对它们的历史进行比较分析就遇到了很大的困难。在文明和城市（或城镇）尚未出现之前的、早期的、各种形态的人类社会的状况都是较简单的，所以便于人类学学者们在它们之间作对应项的比较和分析。当美国早年的人类学学者们刚开始着手于侧重地对北美的印第安人展开调研那时，他们认为那些印第安人社会的发展是不会与现代城市和现代文明的出现和存在有任何瓜葛的。只有到了后来，当社会的发展逼得人们不得不把"文化适应"这个新概念公开提出来，并公开地在全社会的范围内来进行讨论的时候，美国的人类学学者们才意识到印第安人社会的发展与现代城市和现代文明的出现和存在有着密不可分的关系。所谓"文化适应"指的是在白人社会的生活方式的冲击下土著居民不得不调整他们原先的生活方式以使他们能在那种冲击下延续他们的生存。

　　但是在北美的人类学者来到拉丁美洲进行实地调研之后就发现：把各种社会和文化都逐一看作是"平行的、平等地位的、各自界限清晰的标本"的看法是片面的。因此他们就很快改变了这种看法而提出了一套对他们的实地调研成果进行分析研究的新方案；因为在拉丁美洲，在很长的一个历史时期里，当地印第安人的生活方式和西班牙人及葡萄牙人的生活方式一直都是在相互影响着的。这与北美的土著印第安人的情况是极不相同的。进入了北美的人类学学者们很快就觉察到北美土著人的各个或大或小的部落无一不是相互间界线非常清晰的。然而在拉丁美洲不知有多少土著部落用不知多少种的方式或方法来使自己和城镇的或城市的生活方式挂上钩。拉丁美洲土著的这种特征使得到那里去调研的人类学学者们简直要气不打一处来了，因为这种特征和他们一向奉为至宝的"理论模型"简直完全是南辕北辙。当这些人类学者们被逼到这个分上时，他们在无奈之下也就只好另起炉灶，另行拟订出一套对他们的实地调研成果进行分析研究的新方案，以便能适应他们对当地的调研成果进行加工的需要。

这就是为什么这些调研者们在以后提出的不少以拉丁美洲的生活状况为题的专题报告中会那么重视农村和城镇之间的贸易问题，为什么在那些报告中会列举那么多的关于村民们参与到全国性的组织中去进行活动的例子，为什么在那些国家里真正地扎根于农村的土著居民和过着城镇的或城市的绅士型生活的土著居民在生活方式上存在着那样大的差异。到如今，对于在拉丁美洲存在的种种形态的文化和种种形态的社会结构进行的分类已不再是像过去那样仅按它们各自所属的土著文化的大分区来作为唯一依据了。如今还应考虑到每一形态的文化在本国的大文化中和本国的总体文明状态中所占有的地位或水准，以此来确定该形态的文化的属类。在对每一形态的文化进行分类时当然还应考虑到它所处的地域和全国的其他地域之间存在的差距。但是在这方面还有些例外的情况需要考虑进去，比如：巴西的农村社会和墨西哥的农村社会是非常相似的，所以在对这两个国家的农村社会进行归类时就不应当因为过分地强调这两个国家之间存在的差异而就把这两国的农村社会划归进不同的类型里去。

近年来有人提出主张说：应该把美洲的各种类型的社会分归于四大类，即：原始的印第安型社会类，现代的印第安型社会类，农业人口型社会类，城镇人口型的社会类。如果按这种分类法所依据的分类标准来对巴西、秘鲁、海地、墨西哥及波多黎各这几个国家里由乡村的实际务农人口组成的社会进行分类的话，那么它们全应归入到同一类型的社会里去了。可是若按这几个国家里由乡村的实际务农人口组成的社会的文化内容来判断的话，那么它们相互间在文化上存在的差异却是十分显著的。如果是采用曾用来从文化差异上对美国落基山脉以东地区的印第安人的社会，或对美国西南部的印第安人的社会进行分类的标准来对上述五个国家里由乡村的实际务农人口组成的社会进行分类的话，那么它们就完全不可能全划归到同一个社会类型中去。如今，韦格利和哈里斯两人却把上述五个国家里由乡村的实际务农人口组成的社会全部划归入到农业人口型社会这一类别里去了。他们俩这么做的理由是：（1）这五者在文化生活上占统治地位的一律是非常古老的欧洲型的文化，（2）尽管这五者都一律是由实际务农的人口组成的，但所有这些务农的人口都是他们各自国家里肯参与到各种全国性活动里去的最活跃的居民。所以，在美国的人类学者看来，这种把这五者划归入到同一个社会结构类型中去的划分法不仅是完全无视这五者间地域差异这个因素的，而且也是无视这五者之间的文化差异的。所以，在韦格利和哈里斯两人之后的人类学学者们就以这五者间的地域差异和文化差异为理由而主张把这五者划归到现代的印第安型社会这一类别中去。这一类别和农业人口型社会类别虽然在逻辑上说堪称近邻，但这两者却彼此成为对方的鲜明对照。凡属于现代的印第安型社会这一类别的各个具体的社会都具有印第安型文化在其社会生活中占统治地位的特征，而且属于这种类型的某具体社会的成员们都不认为自己是各种全国性活动的活跃参与者。我们不妨可以把在韦格利和哈里斯两人之后的人类学学者们提出的这种分类法看成一种"首先着眼于对一个具体的社会的经济基础的性质的分析，然后才着眼于对它的上层建筑的性质的分析"。当这样的人类学学者们考察一个国家的时候，他们常常是首先考察处境比较孤立的具体社会，最后才考察比较城市化的某个具体社会。这些学者们一方面要求调研者在考察一个具体的社区的时候一定要同时想到该社区必定是某一个更大得多的社区的一个组成部分；在另一方面还要求调研者一定要非常细心地去从他的调研对象那里发现出他在既往的调研中没有发现过的东西，比如说：可以从他新调研的社区里受过高等教育的人们和只受过低等教育的人们之间的关系上去发现他既往的调研中没有发现的东西，还可以从他新调研的社区里的城里人和乡下人之间的关系上去发现他既往的调研中没有发现的东西，还可以从他新调研的社区里的城里的全国性机构和地方性（或传统）性机构之间的关系上去发现他既往的调研中没有发现的东西。

在 1929 年时我去了拉丁美洲。在那里有一个乡村的社区，它留给我的印象很突出；因为从它的社会类型来说，它是"介乎原始的印第安型社会类和现代的印第安型社会类之间"① 的一种社会结构，颇像一个欧洲的农村社区。贺瑞斯·迈纳把他在加拿大的法人区的一个教区进行调研的结果写成了一个报告发表②。他的报告启发了我，让我想出了一个能更好地对乡村的各种类型的社会结构的特征进行识别的方法。从那以后，拉丁美洲的人类学者们就越来越相信在拉丁美洲存在的那些小型的社区都应该被看成是它们各自所从属于的那个国度和文明的一个组成部分。吉利安从他的调研中认识到：印第安的文化可以转化为克利奥尔③型的文化，这种文化实质上是以跨民族文化的形态表现出来的通常型的拉丁美洲人的生活方式④。比尔斯则通过他自己的调研认识到：不仅工业化是，而且城市化在它们的本质上也都不过是达到"文化适应"的一种

---

① Robert Redfield, *Tepoztlan*, *A Mexican Village*: *A study of Folk Life*（Chicago University of Chicago Press, 1930）, p. 217.

② Robert Redfield, "Intriduction" to *St. Denis*, *A French-Canadian Parish*, by Horacee Miner（Chicago University Press of Chicago Press, 1939）.

③ 克利奥尔（Creole）人有一部分居住在西印度群岛，还有一部分是生活在美国路易斯安那州的法裔人。民族的多元化构成了克利奥尔文化的基本特征。——译者注

④ John Gilin, *Mode*: *A Peruvian Coastal Community*（Smithsonian Institution, Institute of Social Anthropology, Pub. No. 3 ［Washington D. C., Government Printing Office, 1945］）; "Modern Latin American Culture", *Socil Forces*, XXV, No. 3（March 1947）, pp. 243—248.

方式而已①。福斯特则对在拉丁美洲存在的"中间型的社会"下了个很明确的定义②。斯图尔德则坚决反对把波多黎各划归到民族国家这个社会类别中去；他提出了一系列的论据和一整套的方法来证明波多黎各既具有完整的国体，但同时又是诸多社区以及诸多类型的文化的集合体③。埃里克·沃尔夫④、查尔斯·韦格利，以及马文·哈利斯⑤这三个人则颇为细致地拟订出了对拉丁美洲的各类型的文化以及这些类型文化在乡村地区涌现出的诸多亚种文化如何进行分类的观念和理论。现在，人类学学者在拉丁美洲的调研活动已从对部落的调研转移到对整个务农人口的调研了。

　　不仅如此，人类学学者已深入到中国和中东去对务农人口进行调研。特别是近几年来，他们也已深入到印度去做这种调研。在这三个国家里调研者们都毫无例外地发现存在有这样一种小型的社会，它的特点是：既不孤立或自给自足，也不是麻雀虽小五脏俱全的。另外，这样的小型社会和它周边的一些在社会结构和性质上显得更具有原始型特征的社区保持着不仅是一种平等和平行的交往关系，

---

① Beals, *op*, *cit*.

② George M. Foster, "What Is Folk Culture?", *American Anthropologist*, Vol. LV, No. 2, Part 1 (April Jume, 1953).

③ Steward, *op. cit*.

④ Eric R. Wolf, "Types of Latin American Peasantry: A Preliminary Discussion", *American Anthropologist*, LV11, No. 3, Part 1 (June, 1955), pp. 452—471.

⑤ Wagley and Harris, *op*, *cit*.

而且是一种"下级对上级"的服从关系。不仅如此，这样的小型社会对城镇以及城市也同样既保持着平等和平行的交往关系，又保持着一种"下级对上级"的服从关系。在上述三个国家中有些地区里的这样的小型社会和其周边的某些社区保持着既平等又宾服顺从的双重关系显得既合乎大道理又合乎具体生活环境的需要。在拉丁美洲的一些地区，凡是务农的人都是一方面必须与城镇的人们打实实在在的交道，而另一方面则还必须和在生活方式上及文化上比自己要原始古板得多的、而且不以务农为生的人们打交道。上述三个国家中有些地区里存在的每一个这样的小型社会里的务农人口都得肩负着维持上述的那种两头关系运转的任务，这不但是大家有目共睹的，而且他们都认为是天经地义的。甚至有时连一些人类学学者们也不得不承认，在这样的小型社会里，务农人口肩负起这样的任务是合情合理的。务农人口所组成的社会以及这种社会的固有文化都允许务农人口在履行其所承担的社会义务时可以有合乎务农人口的、在大局利益的前提下的灵活性。其实全世界各个人种在其本性里都具有类似于刚才提到的那种为了大局的利益而让适当的灵活性体现在具体事务的安排上的特质。本书的其余章节还会进一步陈述体现"全世界各个人种都具有类似于上面提到的在大局利益的前提下的灵活性的本能"的一些大同小异的实例。人类学学者们总是力图在报导各国的务农人口的种种特点时做到公正客观，同时力求在做这种报道的过程中扩大自己的视野。

　　我在做出上面这些断言的时候，在我的话里实际上已经给出了什么是一个由务农人口组成的社会——**如果我们承认一个由务农人口组成的社会够称得上是一种社会类型的话**——的定义了。那么，在这里我想试问读者一个问题：在下文里当我提到"务农人口"时，你知道这个词指的是哪些类型的人吗？

　　我用这个词是为了泛泛地指一种类型的（或一个阶层的）人们，这种类型或阶层并没有很精确的定义。我用这个词只是为了把读者的注意力引向这样的人群，而不是要把读者的注意力死死地锁到固定的某个群体上。我不认为只凭某几条事实就必然能给"务农人口组成的社会"下一个什么定义。大家都公认下定义不是一件很简单的事情①。"务农人口"作为一种类型的人群，其成员不是清一色的；所以不像"鸟类"与"哺乳类"这两个名词那样明确地给出这两类动物的明确界线，或"胶质体"与"结晶体"这两个名词那样明确地给出这两种物质的明确界线。有很多定义在其主旨上都不是很容易就能被人驳倒的。每一个定义都是下定义的人存心用它来把人们的注意力指引到被下定义人认定的某一事物的某些重要特征上去的。在我们给某一群体的社会下了一个定义之后，那么当我们见到其他的一些社会的时候，我们往往会觉得它们只是类似于，

　　① C. von Dietze, "Peasantry", *Encyclopaedia of the Social Sciences*, XII, pp. 48—53.

但不是完全相同于我们已经对之下了定义的那一个群体的社会。很可能我们喜欢把我们自己对之深感兴趣的那些社会及它们的文化全都设想成为是坐落在一个环绕若干真实社会四周的一片虚拟的原野上；而那些真实社会却既不是完全相同，也不是完全相异的。大家——也就是说：我的读者和我自己——可以在这一片原野上随心所欲地各自挑选自己所喜爱的一撮相互紧挨在一起的真实社会。

在调研的时候，你也许首先会注意考察那些分散坐落在上面所提到的那一片虚拟原野上的小型社会里的、从事物质生产的那些组织系统，以及经济方面的体制。一旦你的考察进行到了这个程度，那么你就会——像费尔斯①那样——用"务农人口"这个词来概括性地统称任何一个由"自生产自消费的"小生产者们组成的社会了。当你的调研走到了这一步的时候，你就会觉得你的周围像这样的由"自生产自消费的"小生产者们组成的社会真是多得很。甚至像属于印第安地区的霍皮族人之类的部落群体都可以归入到由小生产者们组成的那种类型的社会中去。说实在话，如果是用"务农人口"这个词来概括性地统称任何一个由"自生产自消费的"小生产者们组成的社会的话，那么就连像马来亚沿海一带的渔民，乃至那些专务采撷收藏捕猎以为生计的、居住在印第安地区的苏族人②都可以被

---

① Raymond Firth, *Elements of Social Organization* (London: Watts & Co., 1951).

② Ibid., p. 102.

称之为"务农人口"了。一个调研者会很容易地发现：在可以包括进刚刚提及的所谓"务农人口"型社会结构的那么为数众多的社会（或曰社区）以及它们的文化之间是存在着一些很显著的相似之处的。费尔斯则把"它们之间具有很显著的相似之处"的这一现象称之为"彼此间具有相同特征的表象"①。

至于我自己，我却是反对把猎人、渔夫，或饲养牲畜的人都归入到"务农人口"性质的社会里去。那种居住在中东以及阿富汗的部分地带里、但与城镇居民保持着长期的交往关系的、以畜牧为生的人们在某些方面是和以务农为生的人们非常相像的。当我们把各种调研结果放在一起进行对比分析时，把以畜牧为生的人们也纳入到我们的对比分析中去，那样就会有助于我们去理解：农村和城镇之间能展开沟通从而使得务农者不再把自己死死地捆绑在自己耕种的土地上而使务农者得到解放；一旦这种局面出现了，那么它将会对于整个国家和社会的发展带来多么大的积极影响啊！但话又说回来，事情没那么简单，尽管一个国家或社会总是想让它的畜牧区和城镇之间展开沟通的，但是并非你想实现这种沟通，这种沟通马上就能变为现实。所以我就只好暂时把以畜牧为生的人们的问题搁置在一边。那么现在就让我们来专注于研究那些完全靠种植来

① Raymond Firth, *Elements of Social Organization* (London: Watts & Co., 1951), p. 88.

谋生的人们的状态以及他们的生活方式吧。

现在就让我把所有那些完全靠种植来谋生的群体一概称之为"耕种的农民们"。正如众所周知的那样，所有"耕种的农民们"都至少有一个共同点，即：他们耕种的目的都是为了谋生，而不是为了攫取利润，所以耕地就成了他们的生活方式。还有另一种从事农业的人们，他们经营农业是为了让自己经营的农业项目扩大再生产以成为一个事业；而且他们把土地当作资本和商品。像这样的人们就不能被称为"耕种的农民们"，而应该把他们称为"做务农事业的人"。对他们这种人的这个称谓是埃里克·沃尔夫在他最近发表的一篇文章里①提出来的。我赞成他提出的这个称谓。

让我把话接着说下去，这样，我们就把"耕种的农民"定义为：一个基于传统和自己内心情感的纽带而使自己长期附着于一块土地上，而且对于这块土地有着充分的控制权的人。这块土地和他是一体的，是长期又固定的纽带把这两者焊接成为了一体。请注意，我的这个定义之所以成立是因为这个定义可以对"耕种的农民对于他所耕种的那块地是否享有某种占有权，或某种经过地主或城镇居民首肯的租赁权，或某种按什么契约、法规来规定的权利"等等问题一概不加以考虑。话说到这里，我还希望提请我的读者们特别注意中国广东的"耕种的农民们"以及保加利亚的"耕种的农民们"；他们生产农作物完全是直

---

① Wolf, *op. cit.*

接售给城市人去消费的。据我所知，一般来说，一块土地的所有者是不会去过问耕种的农民租了他的地之后是否把地用之于生产农作物的。所以，在一个由耕种的农民们组成的社区里，其居民可能部分是——**但也可能全部是**——佃户，甚或是临时性的或季节性的农工。

在着手对"耕种的农民们"开展研究之初，做研究的人们很可能会自然而然地把自己正在进行着调研的"耕种的农民"的社区的状况设想为类似于在面对着盘根错节的、往昔封建制度统治下的欧洲农民们的状况。如果一个做研究的人真的把自己正在进行着调研的"耕种的农民们"的社区的状况设想为类似于在面对着盘根错节的往昔封建制度时欧洲农民们的状况的话，那么他就不会首先把自己的注意力放在琢磨如何给"耕种的农民们"这个词下定义，而会首先专注于研究如何给耕种的农民们所生活于其中的那个社区的经济、政治和社会的体制下定义的问题了。但这样地来进行调研也并不失为一种有用的思路。前不久萧柏格写了一篇文章，从社会学的角度来对封建社会进行了一番描述①。他的这篇文章是颇有参考价值的。他在文章中说：在封建社会里"总存在着一个人数不多的小群体（也就是所谓的'精英'阶层）。这个小群体是靠广大的、俯首帖耳的平民百姓来养活但又回过头来欺压平民

---

① Gideon Sjoberg, "Folk and Feudal Societies", *American Journal of Sociology*, LVIII, No. 3（November, 1952）, pp. 231—239.

百姓的。然而平民百姓也就木木讷讷地任由这个小群体来摆布"。在封建社会里，居于社会最上层的人们则依据如下的几条标准而被划分成几个群落："（1）手中垄断着的权力和权威之多寡高低，（2）在血缘上与最高统治者亲近到什么程度，（3）曾经建立过的功勋的卓著程度"。[1] 萧柏格的文章里还有一个重要的论点——**我自己也赞成该论点的重要性**。他提出的重要的论点的内容是：应该把文人也计入到精英阶层里去，因为文人不是别的，而"是由官方指定的负责写出经典性文章的枪手。如果把这样的枪手排除出精英阶层的话，而且如果没有层出不穷的经典性文章出炉的话，那么封建体制就断不能以高深莫测的文体和绚丽无比的辞藻来为它的血脉的存在和延续唱天籁之音的赞歌了"[2]。在我看来像这种以高踞庙堂之上的尊者身份来从"精神和道德"方面对耕种土地的农民们指手画脚的现象也可以说是"从事耕种的农民们"生活内容的一个方面。这个方面让人不但对之感兴趣，而且也有对之作进一步考察的价值。

埃里克·沃尔夫认为所谓从事耕种的农民乃是一个凭借着他对之有控制权的那块土地上进行种植以为谋生之道的农产品生产者。我除了赞成他的这个看法外还想在这里补充指出我们应该重视萧柏格提出的论点，他的论点是：

---

[1]　Gideon Sjoberg, "Folk and Feudal Societies", *American Journal of Sociology*, LVIII, No. 3 (November, 1952), pp. 231—239.

[2]　*Ibid.*, *p.* 234.

必须关注从事耕种的农民们与高踞庙堂之上的精英层之间的关系。我自己倒宁可把从事耕种的农民们看作是既往的文明在乡村这一社会领域里的体现。关于这一点，克罗伯把话说得很干脆，他说："从事耕种的农民们肯定是离不开乡村的；但是他们要生存就不得不去和设立有市场的城镇挂钩，而且必定会成为一个比他们居住的社区大出很多的巨大人群的一个组成部分。这样的巨大人群通常都拥有几个繁华区，甚至拥有都市中心区。所以，从事耕种的农民们构成了一个'不完全的社会'；这样的'不完全的社会'的文化就是一种'不完全的文化'。"① 但是为了保持我的观点的连贯性，我反对在我们的研究工作中只把那些已经被公认为是完全应划归进封建型社会范畴的、由从事耕种的农民们组成的社区认定为是真实存在的、由从事耕种的农民组成的社区群。我认为应当把印度、中国、日本以及穆斯林世界的从事耕种的农民们全都划为我们的研究对象。我曾参加过一个由历史学家和社会学家共同参与的会议。直到该会议结束时，与会的人们尚不能就"在世界上除欧洲以外的其他地区是否曾出现过像欧洲人所定义的那种形态的封建主义"这么一个问题达成多少站得住脚的共识②。所以我觉得：要求我们大家在"是否在从事耕种

---

① A. L. Kroeber, *Anthropology* (New York: Hacourt, Brace & Co., 1948), p. 284.

② Rushton Coulborn (ed.), *Feudalism* (Princeton. N. J. Princeton University Press, 1956).

的农民们和他们国家的精英层之间曾产生过某种特殊的经济方面和政治方面的纽带"这么一个问题上达成共识，那是太不现实了。我认为：让处在低的社会地位上的农民和处在高的社会地位上的精英之间建立起一定的联系是一件有长远重要意义的事情。这一点对于世界上所有国家都几乎是同等重要的。在下文里我还要进一步阐明这个问题。

　　当然我们都应该知道：如果从事耕种的农民们和他们国家的精英层之间建立起的联系在性质上是一种封建式的关系的话，那将会给社会带来什么样的恶果。生活在英国历史上封建时期的农民和生活在十九世纪末叶的英国的农民其实是有不少相似之处的。① 在英国经历了从封建社会到十九世纪末的君主立宪社会的转变之后，佃农和他们的贵族地主之间除了在法律方面以及在风俗习惯方面的关系起了变化之外，还有哪些其他方面的关系的变化呢？在瑞士的乡村居民们身上还保存着从事耕种的农民们的固有特征；但实际上瑞士的乡村居民们是从未经历过封建制度的洗礼的，而且在今天，他们都受了良好的教育，并且都积极参与各种全国性的活动。② 话说到了这里，我觉得现在

---

　　① George Bourne, *Change in the Village* (New York: George H. Doran & Co., 1912).

　　② Von Dietze (*op. cit.*)。此人曾说过如下的话："尽管现在的欧洲农民已不再是像过去那样的只想图个温饱就对生活感到满足的乡下人了，而是多多少少都像搞企业的人的样子，而且也拥有了完全的公民权和政治方面的权利，但是他们的原先种地人的气质（诸如：对他们的家乡土地的深深眷恋，喜欢恪守自己家族的祖训；即便是在经济钱财等事务方面也要坚守祖训，宁可自己蒙受损失也在所不计)。"（见该书的第90页）

我们已经可以有把握地确定哪些具体的小型的社区可以作为我们应对之进行调研的对象了。在一方面，这些小型社区里的住户都是按着符合旧文明规矩的生活模式来过日子的乡村人，他们对藉以谋生的那块耕地是有支配权的，而且他们在这块耕地上操劳也就成了他们的传统的生活方式了。在另一方面，他们却也要仰仗着士绅们以及城镇的居民们来使他们自己的生活有保障；正因为这样，从事耕种的农民们也不得不受着后者的制约。不过，后者的日常生活方式与从事耕种的农民们的生活方式并没有根本性的差异，只不过是比他们更文明些罢了。在我们现在选定作为调研对象的那些具体的小型的社区的周边还另有些别种类型的小型社区；这些小型社区与我们所选定的那些社区既有相同之点，也有相异之点。在上文里我提到了一些教区里的居民与其周边城镇之间的关系，我曾说：那种关系颇像古代巴勒斯坦的南部地区的牧民与耶路撒冷城之间的关系。在我们所选定的那些社区所在地的中心地带的另一个方向上居住的是另外一些族群的人们。这些族群的人们实际上原都是边境上的居民，他们是带着某种程度的传统式的农民生活方式而住进像我们所选定的那些社区所在地的中心地带的内陆区的；而在这个内陆区里有很多资源是共享的。在提及巴拉圭的乡村居民时，艾礼文夫妇人类学组织（Elman and Helen Service）是用"从事耕种的农民们"这么个词来指他们的。[1] 在处理与城镇居民的关系上以及

---

[1]　Helen and Elman Service, *op. cit.*

在价值观上和一般的为人处世的态度上，这种类型的巴拉圭农人是典型的从事耕种的农民式的，这是一方面；但他们还有另一面，那就是：他们在他们社区内是很分散地居住着的，在农业资源上也是比较共享的。在这一点上他们和欧洲及亚洲的多数从事耕种的农民是不同的。他们都生活在生产发展较落后的乡村里；在那儿你只要肯费力开垦出一片地块（尽管那儿的地都较瘠薄），那么这片地块便算是你的了。在他们那里，很少有什么村落，而都是单个的、分散居住的农户家。这样的巴拉圭农户家的生活方式在很多方面都是明显地区别于巴拉圭的那种每户占有的土地量都很少但却总是聚居成村落的农户的生活方式的。所以我们大可以从对那种单个的、分散居住的农户家进行的调研中来探究出那种"半边境式的生活条件"究竟会对从事耕种的农民们的生活方式起到什么样的和多大的影响。

从另一方面说，和上述的巴拉圭人的生活状况相反的并且生活在离我们所选定作为调研对象的那些社区更为遥远的（也就是更紧贴边境的）那些居民的状况是很值得我们去进行深入研究的。这指的是居住在巴西亚马孙盆地的以及居住在巴西沿海热带雨林区的巴西土著的后裔。比起从事耕种的农民们来说，巴西土著的后裔则是更孤立、分散和与城市隔绝的。看来在巴西的乡村地带有若干个部族的人是既或多或少地像从事耕种的农民，但又或多或少地像纯边境的居民。① 但有一个叫做高乔的部族则完全不是从事耕种的农民。

　　拉丁美洲（为一方）和亚洲以及早年的欧洲（为另一方）之间存在的鲜明的对比让我们看到有些部族的人们是怎样用另一种方式来使他们自己朝向我们选定作为我们调研对象的那些小型社区从事耕种的农民们的特有素质的方向去发展的——**尽管这些部族的人们还未能完全达到那种素质**。一般说来，拉丁美洲的乡村居民的先民们若不是源之于原生活于欧洲乡村的务农人口，则必是源之于那种多多少少地和精英层有着某种瓜葛的一些印第安部族的人们。这种在老式的土著文明休养生息的、从事耕种的农民们正是被克罗伯称之为"生活在具有着不完全的文化的不完全的社会里的人们"。这些人们的生活方式是通常形态的文明生活在乡村地区的具体反映。不过，巴拉圭的通晓西班牙语的印第安人和居住在危地马拉乡村地区的通晓西班牙语的印第安人对于他们所耕种的地块以及对于他们的整个乡土，与其说是有感情上的依恋倒不如说只是世代相传的一种执着惰性式的依附。在这一点上通晓西班牙语的印第安人和他们周边的印第安人是大不一样的。后者（特别是生活在危地马拉的印第安人）实质上是不应该被称之为"从事耕种的农民们"的，因为后者虽然已与居住在城

---

① James B. Watson, "Way Station of Westernization: The Brazilian Cabo-clo", *Brazil Papers Presented to the Institute for Brazilian Studies* (Nashville: VanderbiltUniversity Press), pp. 9—58.

镇里的印第安人混居在同一个社会里，但在生活传统上这两者是不同的。就生活在危地马拉和秘鲁的印第安人来说，居于城镇者和居于乡村者在文化上的差异是很大的。在拉丁美洲，"从事耕种的农民们"目前是正在成长的。比如说，若与危地马拉西部高地①的印第安人相比，特泊咨兰族的人们②就更够得上被称之为"从事耕种的农民们"。在欧洲和亚洲的历史上都出现过上述那种具有更完全的从事耕种的农民素质的乡村居民和那种与社会精英层保持着若即若离联系的乡村居民之间差异的情况。意大利的拉丁姆地区的居民——**罗马城就是他们的先辈建设出来的**——以及在罗马帝国统治下的叙利亚地区的乡村居民在与这两个地区所建立起来的古希腊城市的关系上，前者则比后者具有更完全的从事耕种的农民们的素质。意大利的拉丁姆地区的居民以及从罗马迁移到英国并在那里建立起了罗马人的城市的罗马帝国的乡村居民们在与这两个地区所建立起来的古希腊城市的关系上，前者则比后者具有更完全的从事耕种的农民们的素质。

现在我们的话题已经与对原始型与外界隔绝的社会的

---

① OliverLa Farge, *Santa Eulalia: The Religion of a Cuchumatan Indian Town* (Chicago University of Chicago Press, 1947); Charles Wagley, "The Social and Religious Life of a Guatemalan Village", *American Anthropologist*, Vol. II, No. 4, Part 2, Memoir No. 71, (October, 1949); Ruth Bunzel, Chichicastenango A Guatemalan Village (*Publication of the American Ethnological Society*, Vol. XXII [New York: J. J. Augustan, 1952]).

② Oscar Lewis, *Life in a Mexican Village: Tepoztlan Restudied* (Urbana University of Illinois Press, 1951).

讨论毫不相干了。尽管如此，这种原始型与外界隔绝的社会的"理论模型"还是对我们有用的；因为它会逼得我们去探究在我们正在着手调研的从事耕种的农民的社会与"理论模型"之间究竟存在着哪些重大的差异。但是如今我们开展研究的客观条件已使得我们完全可以身临其境地直接观察从事耕种的农民们真实的、典型的生活状况了。那么他们真实的、典型的生活状况具有什么共同特点呢？他们的社会关系以及精神生活的哪些方面值得我们去进行调查研究呢？往昔的人类学学者们在对部落和原始性的社会群体的生活进行调研的过程中是否曾有些被他们所遗漏或疏忽的方面而我们今天应加以弥补的呢？比如说：外界社会与小型孤立的社会之间关系的问题肯定会是一个能引起我们新兴趣的课题。克罗伯曾说："既往的人类学学者们总是对逐个群体或社会孤立地来进行研究；但到了今天，他们把对一个群体或社会的研究放在它和与它相关联的大群体或大社会之间的关系的背景中去探讨。"到底我们今天如何具体地把一个小社区当成一个小的有机体来分析研究呢？又如何具体地把一个包含有诸多小社区的较大型社区作为一个较大型的有机体来分析研究呢？不仅如此，我们还可以推而广之提出以下的一些问题：到底我们今天如何具体地把一个小型的文化——**或一个小型的意识形态，或一个小型的思想流派，等等**——当成一个小的有机体来分析研究呢？又如何具体地把一个包含有多个小型文化系统——**或多个小型的意识形态，或多个小型的思想**

流派，等等——的较大型文化系统当成一个较大型的有机体来分析研究呢？在本书的第二章里会从文化或传统的角度来阐述刚刚提到的这几个问题的答案。

第二章　从事耕种的农民们

——论不同类型的"不完全的社会"

在既往时期，当人类学学者对各种小型的、自足的、原始型的社会进行调研时，他们曾把每一个这样的社会都看成是一个由许多相互联系着的元素组合而成的系统，而且把每一个这样的系统的每一个元素都看成是可以从其整体中分离出来的。此外，那时的人类学者还认为：每一个这样的系统既是独立存在而无需有在它之外的任何事物来对它进行关照的，而且还拥有其内部各构件能彼此协调运作的机制。拉德克利夫·布朗发表的报告中阐述了他在安达曼群岛上看到当地居民是如何把神话、祭祀活动，以及日常生活融洽地糅合在了一起的。马林诺夫斯基写了一篇文章非常得体地分析和证明了在特罗布里恩人的生活中风俗、习惯、组织、规章、制度以及人的日常生活需要等等是如何在共同的运作过程中有效地进行着互动的。马林诺夫斯基把这种现象称之为"功能主义"。由于他写了这篇出色的文章因而使"功能主义"这个词不胫而走。本尼迪克特撰写了一篇题为《不同模式的文化》的文章，阐述了关于评价"高质量的生活"的四种原始的标准。该文章认为这四个标准所描述的是四种含义明确而又各自独立的模式，并指出它们是属于另一种类型的四个系统；在这四个系统里，风俗、习惯、组织、规章、制度已能与依据人的本能而设定的基本价值观念方面的抉择相呼应和相协调。

往昔的人类学学者们曾经把各种孤立的、原始型的社区看成若干种完全自给自足型的社会制度①。但今天人们的看法则是：它们可以被看作是某一种特定类型的风俗、习惯、组织、规章、制度。有些人——**比如本尼迪克特写的著作里就是这样说的**——则认为：这些风俗、习惯、组织、规章、制度都不外乎是用来指引人们在社会生活里走上正当轨道的是、非的准绳而已。另有些人就常常表示下述的看法（**比如英国的人类学学者，特别是在他们对非洲的土著进行了调研之后发表的一部有分量的著作中就表达下述的看法**）："这些风俗、习惯、组织、规章、制度等体现出了能够和一个特定社区的总体特征完全相协调的那种类型的居民们之间的特定人际关系。"如果从人类学的观点②来思考的话，那么，人们会对这么一种看法（或曰一

---

① Robert Redfield, *The Little community: Viewpoints for the Study of a Human Whole* (Chicago University of Chicago Press, 1955).

② Raymond Firth, "Social Organization and Social Change", *Journal of the Royal Anthropological Institute of Great Britain and Ireland*, LXXXIV, Part 1, (January-June, 1954), pp. 1—17.

种阐释法）做多种理解。尽管如此，我们在这儿不妨用
"社会结构"这个名词来指一个社区里长期存在而且起十
分重要作用的人际关系网络。每个社区的这种长期存在而
且起十分重要作用的人际关系网络与任何其他一个社区里
的这种人际关系网络都是有区别的。我们就把这种网络称
之为"社会结构"。好了，现在就让我们来对"社会结
构"进行一些探讨吧。

　　把一个原始社会看作是一个"社会结构"而对它进行
探究时，人类学学者会先考察一下这样的一个问题：如果
用该社区居民所尊奉的传统作为准绳来考察的话，为使该
社区里的生活既安全又有序，那么应该设立哪些角色呢？
而且在这些角色之下还应该设立哪些辅佐性的岗位呢？很
明显，需要有父亲这么一个角色，也需要有男儿这么一个
角色。很可能舅舅这么个角色对于外甥这么个角色具有特
殊的重要性。此外，还需要有神甫这么个角色和信众这么
个角色。还需要有领袖这么个角色以及平民百姓这么个角
色。还需要有经商者这么个角色，顾客这么个角色，如此
等等。所有这么些的角色和在他们麾下的辅佐性岗位在社
区这么个"社会结构"的范围之内是必然要长期地存在着
的，但是担任这些角色的人选和走上辅佐性岗位的人选却
是像走马灯人物那样不断在变换着。人们都认为一个社区
（即一个"社会结构"）的基本功能就是对这些长期性的
角色以及辅佐性岗位中的最持久和最关键者进行组织和安
排，而且还要对这些角色和辅佐性岗位相互之间的常规性

的关系进行协调。在对一些位于较偏僻地区的社区或居民过于稠密的社区进行调研时，有些人类学者发现甚至在这样社区里的一些小型群体、小型定居点，或小部落之内就都存在着上面说的那种长期性的角色和辅佐性岗位。

现在请让我提一个问题：既然我们把一个从事耕种的农民们组成的社区看作是一个社会关系的网络，或看成是一种"社会结构"，那么我们应当怎样来描述这个"社会结构"与围绕着它的外部世界之间的关系呢？如果我们打算对一个从事耕种的农民们组成的村庄进行探究的话，那么在着手研究之前我们不妨就先设定它是具有一个在其居民之间存在着既是长期存在的又是对他们的生活起重要作用的人际关系网络；那么如果我们是在这样的思路指导下进行对它的探究的话，我们将会从我们的探究中得出哪些有关改变或改善它的组织理念和组织程序的结论呢？那么，为什么在进行探究之前我们就先要把它设定为具有一个在其居民之间存在着既是长期存在的又是对他们的生活起重要作用的人际关系网络的群体呢？对这个问题的回答是：这是因为从某些层面上看"从事耕种的农民们"——**在第一章里当提到居住在乡村里务农的人们时我就用的是这个词**——与士绅们以及城镇居民之间的确存在着一种长期的相互依赖关系。

但也可能存在着这样的一种情况：由于总得与他们居住的社区之外的人们以及组织或机构保持着联系，所以一个由从事耕种的农民们组成的社区终归是一个"不完整的

实体"；所以说，这样的一个社区实在不能被看作是一个
"社会结构"。因此，也许我们（即人类学学者们）不应
该把从事耕种的农民们组成的村庄作为我们调研的对象，
而应该选择比这样的村庄大的和更近乎完整的实体来作为
调研对象；那样做就会更有利于我们的调研。这里说的
"更大的和更为完整的实体"指的是诸如：封建社会、一
个情况比较复杂的地区、民族国家，等等。已经有人从人
类学的角度来对原始形态的国家和已经发展成了社会结构
很复杂的部落进行了报导。赫尔科维茨发表的题为《达荷
美》① 的报告就属于这一类的报导。W. 劳埃德·华纳和
他的同事们对于美国位于城区内的社区进行了调研和报
导；他们认为这一类社区居民的生活状况很能代表美国全
国的生活状况。玛格丽特·米德和她的同事们所采取的调
研路子比较特别：以研究现代各国人的国民性格作为他们
的研究主攻方向。前不久朱利安·斯图尔德提出了如下三
个论点：

[I] 任何一个结构很复杂的社会往往都是由三个部分
组成的。他所说的这三个部分指的是：（1）该社会的当地
人的住家户，（2）该社会的当地人邻居，（3）该社会的
当地人的社区。他认为这三者都属于一个复杂社会的"纵
向区"。

---

① Melville Herskovits, *Dahomey*: *An Ancient West African Kingdom* （New York: J. J. Augustin, 1938）.

[Ⅱ] 在该社会里除了当地人之外还有非本地人的各种群体；这种群体也会在该社会的很多当地人的社区里出现，虽然这种群体的成员是较分散的，但他们和当地人有着某些共同点，比如在职业、阶级、种姓、种族以至某些特殊的利害关系等等方面的共同点。他把这些统称之为：属于一个复杂社会的"横向区"。

[Ⅲ] 所有官方的组织（如银行、工会、学校、政府机构等）渗透到了该社会的所有角落并从很多方面下手来控制该社会。

朱利安·斯图尔德对一个大型而复杂的社会的这种看法在其实质上等于把这样的一个社会看成是犹如木工制造出的、供已种植的爬藤类植物的须蔓往上攀援的一扇木格子。一个结构复杂社会里的、由当地人组成的各种单位就成了这么一扇木格子的所有横向的木条子，而居住于该社会里的外来人组成的各种单位就成了这么一扇木格子的所有横向的木条子。至于入驻在该社会里的那些代表国家中央政府的权威和权力的所有官方的机构或组织，就全是攀缘在这一扇木格子上的须蔓。也许如果没有这些攀缘在这扇木格子上的须蔓的话，这木格子过不了多久就会散了架①。

朱利安·斯图尔德正是用他的这一套观点来诠释波多

---

① Julian H. Steward, *Area Research*, *Theory and Practice* (Social Science Research Bull. 69 [New York: Social Science Research Council, 1950]).

黎各这个岛国的社会状况的①。其实他的这一套观点并不见得适用于由从事耕种的农民们组成的社会。在我看来，他的这一套观点倒是可以适用于像丹麦或者新西兰那样一类的国家。在对复杂的社会进行研究时采用他的这一套观点的话则会便于人类学学者们因循着惯用的途径来取得研究成果；这是因为他的观点的要领较简单，只不过是把每个大而复杂的社会分解成为两个由小型组织构成的小类别，而每一个小类别则拥有它自己的近似于文化的"玩意儿"；有了这"玩意儿"，那么一个人类学学者去研究它就会感到方便多了。除了研究这"玩意儿"之外，他还可以去对该社会中由当地人组成的小社区进行调研，而且还可以对该社会的诸多阶级进行抽样调查，或者对该社会里的各种宗教组织进行调查。至于对一个国家里最高层次的官方的机构（比如立法和司法机构、各种教会、各种学校、各种税收部门等等）的调研，这个可以留给社会科学领域里其他学科的科学家们去做，因为其他学科的科学家们中的有些人是专长于对于国家级的官方机构进行调研的。在我看来，人类学的学者们只更适合于对由国家级的官方机构派出的、分驻于地方上的机构或组织进行调研。

适合于人类学宗旨的各种可用之于对各种现代社会进行调研的方法和手段肯定是会往更先进的方向发展的。像朱利安·斯图尔德、劳埃德·华纳，以及玛格丽特·米德

---

① Julian H. Stewzrd, *et al.* （forthcoming）.

等人都提出了新的方法。他们的例子说明人类学的调研的方法和手段确实是在发展之中。在这里我注意的重点是如何把对一个社会里由当地人组成的社区的调查作为对该社会进行调研的起点，以及如何由这个起点向外扩延我们的调查的范围。如果一个调研者选择某个由从事土地耕作的当地人组成的社区作为他调研工作的起点，而且愿意充分考虑到这样的一个社区必须在很多方面仰赖于它与外界所建立起的关系的话，那么我就想在这儿对这样的调研者提个醒：当他在他最后提出的调查报告里阐述他所调研的社区拥有的各种社会关系的状况时，他应当把不同类型的社会关系的质的差异述说清楚。

如果我们放弃把那种原始型孤立的小型群体作为人类学调研的主攻方向而转到对从事耕种土地的农民社会的调研，而且把它看作是一个社会结构的话，那么我们就必须对三个类型的社会关系系统进行研究。若要进行这种研究的话，那么我们首先要学会如何来把这三个类型区分开来。在如何区分这三者方面，J. A. 巴恩斯①写的一篇短文对我帮助很大。他是个人类学学者，一度在英国专攻原始型社区的社会结构这一课题。以后他去了挪威，在那里他对一个岛屿上的教区进行了调研。在做该调研的过程中他感到有很多事情使他无法完全专注于对该教区内部情况的调研，因为他要做调研就必须去摸清该岛屿上那些土生土

① J. A. Barnes, "Class and Committee in a Norwegian Island Parish", *Human Relations*, VII, no. 1 (1954), 39—58.

长的挪威人与岛屿之外的外部世界的层层社会关系。这是一方面，但在另一方面他却发现他从调研这个岛屿上教区中所获得的资料"足以很直接地反映出挪威整个国家的国民生活的一个小侧面"。因此，他就不再把这个小小的乡村社区当作自给自足的、与外界隔绝的孤立体——**它显然不是个孤立体**——来研究，也不当作一个能代表挪威全貌的标本来研究，亦不当作是对一个现代国家展开综合性调研规划中的一个项目来对待。他的实际做法是以该岛上当地人组成的社区作为调研的起点来把他的调研范围往外扩延。在他的调研中他特别留意去发现在该教区与外界的所有类型的社会关系系统中，有哪些类型是那些专攻原始型孤立体研究的人类学学者闻所未闻的。比如像下述的一些类型就可能是那些人类学学者闻所未闻的：（1）该岛屿上乡村居民社区与其他类似的社区之间的社会关系系统，（2）该岛屿上乡村居民社区与挪威国家之间的社会关系系统，（3）该岛屿上乡村居民社区与其他国家之间的社会关系系统。

当然，到了今天，该岛屿上的这个教区的社区也许早已不是一个由从事耕种土地的农民们组成的社区了；它会是一个已走出了那种我在本书中将其命名为"由从事耕种土地的农民们组成的那种社区"的范围了；不过，我猜，它毕竟还没有走得很远离这个范围。现在这个岛屿上社区的每十个男性居民中就有三个是打鱼的，一个是海上商贩，两个是产业工人，再两个或是干其他行当或是已告老还家了的，只剩下两个是搞农业的。所以我们不妨这样来概括今天的这个岛上社区：它是现代国家里的一个乡村型的社区；为了谋生，岛上的居民们中有干跑海船的，也有种地的；他们都受过教育而且都愿意大规模地参加全国性的活动。但正因为这个岛屿上的社区与原始性的孤立小群体之间的差异远大于在并不十分现代化的国家里的乡村社区与原始型的孤立小群体之间的差异，所以巴恩斯从调查该岛上的社区中获得的有关该社区的社会关系方面的资料是颇具启发人们思路的功能的。它的启发功能在于：一旦我们进到亚洲或拉丁美洲的一些地方去对那儿的各种农民型的社会进行调研时，上述的资料会启发我们去认清我们需要去做重点调查的究竟应该是哪些项目。为满足在调研中须进行的对比分析的需要，我们既有必要获得充足的更现代化国家里的农民状况的资料，也有必要获得充足的更具原始形态的从事耕种土地的农民状况的资料。

从调查中巴恩斯发现上述的挪威乡村居民实际上包含着很多个社会群体，其数量之多以及在那儿的诸社会群体之间相互关系之复杂已经不再能用朱利安·斯图尔德教授所创造的"木头格子"理论来加以解释了[①]。巴恩斯于是

---

① 如果是用斯图尔德的话来说的话，那么，地方上的单位都该算是"垂直的"；而那些由于职业相同或种姓相同的就都该归入到"水平的社会文化的亚群"里去。不过，显然有些群既该算是垂直的群也该算是水平的群。在布雷姆内斯那个地方，当地的渔民协会的管辖地域的界线是被划定得十分清楚的。在印度东部的很多村庄里，不同的种姓的群体居住区常常是彼此连成一片的。

把我在前面提到的诸社会群体之间复杂的相互关系归类为三个互不相同的"社会领域"，每一个社会领域就是一个由人们设想出来的一系列活动和社会关系构成的体系。诸社会领域是多多少少互有不同的。如果我们想让我们的调研方法突破往昔那种只适用于对自给自足的小型群体进行调研的局限性，从而使我们的调研能攻下"透彻弄清农民社会的社会结构的真相"这个堡垒的话，那么如果我们在事先就能对"社会领域"这个概念有充分的理解的话，那会是大有裨益的。

何谓"社会领域"？首先，有一种被称为"以疆域为基础的社会领域"；它拥有大量的长期运作的行政单位，一大环套着若干小环，而且上下级间的关系井井有条①。这是一个由当地的群体组成的上升阶梯似的系列；这样的系列包含着：小庄子（或曰：小片居民区）、选民区，然后是教区本身。所谓教区，它是个跨越若干个较大型的、由当地群体组成的、上升阶梯似的系列。一个教区往往具有行政的、司法的、教会的功能。这三项功能的每一项都是覆盖挪威国内的若干个教区的。

教区这一级就可以体现出地方性的生活水平和全国性的生活水平的交叉。如果是采用"执行全国规模调研"的视角来考察上述的那个挪威岛屿上的教区的话，那么该教区就应该被看作是一个管理民间及教内事务的组织。举个

---

① Barnes, *op. cit.*

例子来说吧，在那个地区有若干个教区成立了一个大教区，这个大教区在成立之后就归属于一个副主教区，几个副主教区联合起来就建立起了一个主教区。刚刚提到的那几种归并法都属于正宗的归并法；每一起归并都有其特定的目的和功能，否则就是为了建立起某种关系。在一个教区里最常见和最主要的现象就是"人际关系"。人际关系更多涉及的是人们的日常生活。不过由于教育的普及，乃使得地方级的传统、组织和规章制度与国家级的传统、组织和规章制度这两者之间呈现出泾渭分明的状态。所以在现代的挪威，地域性的民生状态和全国范围内的民生状态已不显得有什么脱节。那些显然是耕种土地的乡民们居住的社区则是靠"以疆域为基础的社会领域或系统"来把当地的生活与封建体制式生活撮合到了一起。（这里说的"以疆域为基础的社会领域或系统"就指的是巴恩斯在描述挪威岛屿上的社会时所指出的那一种）。然而在那些由从事耕种的农民们所形成的社会里，当地的生活和封建体制式生活却是泾渭分明的。居于那些由当地的群体组成的、上升阶梯似的系列的底层的则是老百姓们。他们是借助于彼此之间存在的人际关系或传统的关系而被联结到了一起。他们之间关系的主要表现形式就是亲眷关系和邻居关系。居于那些由当地的群体组成的、上升阶梯似的系列的顶层的则是一些属于社会管理层的人们。在该层次里，人们之间的关系则更多的是公事公办的关系、或者相互间动辄以组织或机构代表的身份出现在对方的面前。在一个等级森严的社会里，务农人的社会群体实际上是由两个彼此关联着的人群组成的。在挪威的社会里，我们可以很容易地观察到某种形式的"链接"（或曰"铰链"）的存在；它把务农人们社区的当地人的生活与国家或某种封建式的体制连接了起来。（其实前者正是后者的一个组成部分。）在危地马拉西部的一个印第安人社区里，当地人的生活状况和全国范围内的生活状况是颇为脱节的，然而这两者之间的链接却是分外鲜明的。这里所指的"链接"指的是由城市的政府派遣去到印第安人那里工作，为的是使他们的社区能和国家的生活挂上钩[1]；其实印第安人的社区自身倒是组织得井井有条的。教区的牧师以及一些商店的老板大概可以算是上面提到的那种"铰链"的另半边。就安达卢西亚镇（这个镇是一个具有种地人特征但却就居于镇子之内的人们形成的社区）的情况来说，该镇里住的一群在行事上明显地有别于镇里其他类型的住户的资产颇丰的、并从事高档次职业的人群；而这个高档次的人群则可以说是前面提到的那种"铰链"的另半边了。属于这一个人群里的人们则选择了一个与他们所居住的镇子相距甚远的城市作为他们平时过精神生活的处所；而"对于平民百姓来讲，这一个高档次的人群则代表着政府，但对于政府来

---

[1] Ruth Bunzel, "Chichicastenago: A Guatemalan Village" (*Publication of the American Ethnological Society*, Vol. XXII [New York: J. J. Augustan, 1952])

讲，这一群人则代表着平民百姓"①。在中国老式的务农者形成的社区里，常见到的现象是：官吏们充当着"铰链"的角色奔走斡旋于以皇帝的中央政府派驻全国各地的机构为一方和以各地农村的长老们为另一方的这样的两方之间。在巴尔干的乡村地区，维系地方的生活和国家的生活之间的关系的那条线，以及维系着递升式的地域性政治系列的两个部分之间的那条线则是掌握在教会的神职人员及市长的手里②。在本书的下半部分将会说到那些手里掌握着那种"铰链"的人们在国家的文化生活里是履行着一些什么样的职能。甚至于前面提到的挪威的那个岛屿上的社区里情况也是如此；在那里尽管其居民的大多数已不再是以耕种为生，但当地之社会稳定所仰赖的条件乃是按符合于当地具体条件的办法来组织起来的、井然有序的、当时的社会生活，而不是别的。"年复一年地去耕种的乃是历来耕种过的旧地块。新地块开发的速度是极其缓慢的。……生活在那里的人们中的绝大多数都世世代代住在同一座房子里，历年来都耕种着同一块的土地。"③ 我们可以做这样的一个推测：上述的那种生活方式在一百五十年前便已经是当时的占主导地位的社会制度，所略有不同于

①　J. A. Pitt-Rivers, *The People of the Sierra* (London Weidenfeld & Nicolson, 1954), pp. 32—33.

②　Irwin T. Sanders, *Balkan Village* (Lexington, KY: University of Kentucky Press, 1949).

③　Barnes, *op. cit.*

今天的也只不过是：当时的农业生产有时会受到渔业生产
的调节，因为在一百五十年前工业化还没在挪威出现。

　　但是到了今天，挪威渔业生产工业化已经到达很高的
程度了。在这方面就举前面提到的那个岛屿上的教区的情
况来作为例子吧。由于工业化，现在那个岛屿教区里的渔
业生产已经成了一个相当独立的产业了，竞争很激烈。
"捕鲱鱼已成了一场战争"这一点已是大家公认的了。"办
事靠亲戚关系"的老规矩已基本上过时了。"你想跟哪条
船出海捕鱼？那是完全随你的意的。船长想雇佣的只是最
会捕鱼的船员，而不是亲戚。到了捕鲱鱼的季节，生活在
前面提到的那个岛屿上的教区里的人会跟着其他教区的渔
船出海去捕鱼，而那个岛屿上的教区的船上却会有从六、
七百里地外雇来的船员。所以说，挪威的劳务市场已颇像
个自由市场。"① 当那个岛屿上的教区里的居民——**当他们
是以渔民的身份出现时**——在他们的那个社会领域里活动
的时候，他们所面临的人事关系是多变和很不稳定的，因
为他们需要在很多样化的场合下接触很多类型的人（比
如：船主、船长、掌网的领班、船上的炊事员，等等）。
每一个人的社会活动领域则是与广大的、全球范围的、有
组织的捕鱼行业相交叉的。

　　下面将是我们从巴恩斯的文章里可以汲取的第二点内
容：不论是什么形式的市场都有能力把被那种自给自足原

---

　　① 　Barnes, *op. cit.*, pp. 41—42.

始型的社区性群体所固有的、牢固的社会关系束缚住了的人们的部分生产活动解放出来，同时还能把人们转移到另一些经济活动领域里去，而这样的一些经济活动领域现在正变得越来越独立于当地的其他领域里的各种活动。当地的传统的和精神层面上的风土人情是一个方面，而在市场运作基础上产生的脱离私人情面束缚的、公事公办的氛围则是另一个方面。这两个方面彼此是根本不相容的。对此，韦伯①以及其他一些人②都早已着重地加以阐明了。上述的这两方面在农民的社会里还能相互有某种程度的妥协，但在市场的条件下就不会是那样的。安达曼群岛一带的土著们生活在一个自给自足、而且几乎绝对与外部世界隔绝的环境里，但时不时该群岛上的居民会带上弓箭和篮子到别的岛上去作些访问。到了另一个岛上后，他们会把自己带去的礼物送给被他们访问的主人；然后他们的主人也会把些手工制品还送给客人。③ 这种主人、客人之间的礼物互送是与他们的部落经济生活无关的，因为这只是在彼此相好的人们之间在互致善意基础上偶然发生的物质交换。在印度的乡村地带在物质生产过程中分工是非常细致的。大部分的劳务方面的交换都是按照在种姓制度下的世

---

① Max Weber, *General Economic History* (Glencoe Ill. ; Free press, 1950).

② R. H. Tawney, *Religion and the Rise of Capitalism* (New York: Harcourt, brace & Co. , 1937).

③ A. R. Redclife-Brown, *The Andaman Islanders* (Glencoe, Ill. : Free Press, 1948), p. 42.

袭的方式来进行的。当然在印度也有市场，人们可以在那
里进行相对自由的贸易。居住在危地马拉的切切卡斯腾南
格地方的印第安人的社区（这个社区的居民都是从事土地
耕种的，只不过这个社区里不存在那种隔离普通印第安人
与居住在城市的精英层的社会鸿沟而已）里的大部分男性
居民要用他们一生的大部分时间从事到处跋涉以推销货物
的工作。他们远近穿梭地巡游很多市场来进行买和卖。[1]
不过这种商业旅行的行当不论和城镇或村落的社会及政治
生活都是毫不相干的。危地马拉的这种旅行商人虽然为做
买卖而在一生中要跑很多的地方，因而必然要接触很多种
地区性文化，但他们本人从不受各种地区性文化的影响。
对于这一点观察家们是感到很奇怪的。[2] 像这样的半农民
半商人的印第安人有着自己固有独特的生活方式。在他出
发去做生意的时候他就进入了一种独特的"活动领域"。
在保加利亚有一部分农民也是半农半商的，他们进入城市
则既买货也卖货。据我们所知，他们每一周都要在他们的
村庄和城市之间来回跑很多趟，但他们各自的乡居生活的
各个方面却丝毫没有因为他们的这些商业活动而受到什么
影响[3]；因为他们一进到了城里便变成一个旁观者，除了
和在城里的别的农民说话之外，他们不和任何城里人说

[1]　Bunzel, *op. cit.* , p. 67 ff.

[2]　Robert Redfield, "Primitive merchants of Guatemala", *Quarterly Journal of Inter-American Relations*, 1, *no.* 4 (*October*, 1939), pp. 42—56.

[3]　Sanders, *op. cit.* , pp. 105—106.

话。正因为这样，所以从表面上看来他们的身体是进到了城里，可是在他们心里照旧是农村世界和城市世界这两者界限分明，毫不混淆的。在一个由务农者形成的村庄里，当一个农民干着经商活动的时候，他的思维和行动很可能是处在一种和他干着农活时的思维和行动完全不同的模式之中。如果拿住在犹卡特堪村（这是个完全以耕种为业的村庄）的玛雅人来和居住在危地马拉西部的印第安人做个比较的话，那么前者要比后者具有浓厚得多的地道农民气息。前者把种地看成是自己的命，他们是以宗教徒的狂热去种地的；印第安的霍皮族和祖尼族也是这样的。不过玛雅人是把自己收获的玉米的一半卖给了市场。通常玛雅人认为：种植玉米和把收获的玉米献给神都是合乎传统的、神圣的、合乎道德的行为；但一旦他们准备把一部分玉米卖掉，这时他们就给要卖掉的玉米另起一个别的名字，而不再叫它玉米。如果对准备出售的玉米进行某种加工的话，那么它是不可以与其他用途玉米的加工放在一起处理的[1]。但玛雅人把卖猪、牛、羊等牲畜的活动看作是与敬神无关的事，在买或卖这些牲畜时买方和卖方只要见面了谈成了就可以成交。

任何一个由务农者组成的社会都会有额外的一种明显有别于村里的其他项活动的领域；这样的经济活动的领域

---

[1]   Robert Redfield, *The Folk Culture of Yucatan* (Chicago University of Chicago Press, 1941), p. 163.

往往是独立于该社会的已配套成相互紧凑配合的活动主流之外的，而且明显地处于一种"期待人们去对它做一番分析研究的状态"（这是巴恩斯的用语）。这样的经济活动的领域是有必要对之进行一番专门的调研的。在对一百年前的瑞士乡村生活做了一番调研后，B. 汉森[1]写了一篇文章来报导那儿的村民（他们主要是富农或地主雇佣的农工）为一方和雇佣这些雇农的乡绅地主们为另一方之间的关系。（雇农的劳务活动则被看作是村里的一个专门的活动领域。）就瑞士乡村的情况来看，这个"活动领域"并不完全属于经济的范畴；因为这些雇农往往参与到雇主的家庭生活里去了。这些雇工的一部分人的大半生都是跟着他们的东家过的，不仅为东家干实实在在的农活和家务活，还多多少少地参与到东家在文化方面的活动中去。雇农和地主绅士成了社会的两大组成部分；这两者之间存在一种联系（或曰：关系）。这种联系之所以会诞生乃是因为在该乡村有额外的一个活动领域，而这个活动领域是明显地处于一种"期待人们去对它做一番分析研究的状态"的，并且在这个活动领域里，诸如风俗习惯、待人接物的礼节规矩都毫无疑问地先由绅士地主们带头制订出来或做出榜样来，其目的乃在于以此来影响和教育全体农民。在现代的挪威，捕鱼这个行业已经完全工业化了。现在一个来自乡村的渔民已基本上脱离了陆地上的生活。在捕鱼这个行

---

[1] Borje Hansen, *Osterlen* (Stockholm: L. T's Forlag, 1952).

业里流动性和竞争都是很强的，而且在这个行业里工作的人们越来越和他们陆地上的社会关系脱钩了。

在今天，"市场"既意味着人的一种观念形态，也意味着一个做买卖的场所。今天当我们在对务农的人们和乡村生活进行研讨的过程中遇到"市场"这个词的时候，我们就应该从观念形态和做买卖的场所这两层的含意上去理解这个词。巴恩斯把挪威的工业化了的渔业看成是一个"社会领域"，但作为一个领域它却不存在一条明晰的空间的或地理上的界线，因为它只是一个完整系列的活动、态度和关系，这三者只有到了挪威已进入了捕鱼的季节和地域的情况下才会拧成一股绳。这就是这个领域！所以我们要对这么一个领域进行探索研究的话，我们就应该把它看成是一个在其内部的运作上比较合理、协调、紧凑的实体。在另一方面，我们当然也应该对各式各样的具有明确的地理界线的市场进行研究。麦伯莱德曾经写过一个关于位于危地马拉西部的一种类型的市场的调查报告，该类型的市场是集市式的，地点都在镇子里，定期地开启以便人们在那里买或卖货物。① 这些行走的客商中的每一个人都拥有他个人的一系列生意上的关系；所有这些行走客商的全部个人生意上的关系的总和构成了另一个类型的市场，只不过其地点全部是在陆地上罢了。一些研究乡村社会学

---

① Webster mcBryde, *Soloha* (New Orleans, La: department of Middle American Research, Tulane university, 1933).

和乡村经济学的学者曾报导过关于进入上述的那种集市性质的商业地带的情况，以及关于进入上述的那种集市性质的商业地带做买卖的人们的背景。阿兰斯堡和金伯尔（这两位都是人类学的学者）都曾对这一类集市市场——**特别是在爱尔兰农村的小庄子里开的集市或小店铺**——的状况有过报导①。

　　除了上述以外还有第三类的"社会领域"，它是由巴恩斯在研究挪威的一个教区的过程中觉察出来的。他给它起了个名字，叫"网络"（network）。一个教区里所有的人相互之间存在着千丝万缕的关系，而且他们中的每一个人又同该教区以外的人们有着千丝万缕的关系。这两类的千丝万缕的关系构成了一个网络，而教区里的每一个人就成了这个复杂的网络里的节点。在这个网络里的每一个人与人之间的关系就像一根线，而这个网络里就有无数多的这样的线。因此，巴恩斯就进一步设想：如果从这个网络里把所有那些由于地域上的原因和由于工业生产体系上的原因而产生出来的关系线通通删除掉，那么在这个网络里还会剩下些什么呢？当然在全部删除掉由于上述的两方面原因而产生的一切关系线之后，这个网络还不至于退化到比原始社会更落后的状态中去。那么我们应该给这个残余的网络起个什么样的名字才不会不名符其实呢？如果我们

---

　　① Conrad Arsenberg and Solon T. Kimball, *Family and Community in Ireland* (Cambridge：Harvard University Press，1940)，chap. xiii.

把残余的网络就称之为一个"全国范围的网络",你看怎样?其实像这样的一个"残余"网络在实际生活里的确就已存在着的。它之所以会存在,其原因是很简单的,那就是:每个人都会有亲戚、好友、认识的人,或在某方面情趣相投的人;所以他就会与若干数量的人发生往来,或则发生直接的接触,或则发生间接的接触。[①] 拿前面说过的那个属于挪威的岛屿上的教区社区为例,那儿的人们就是靠着这样的网络不仅把全教区的人们都团结在一起,而且也使他们和其他教区的人们连成了一气。这样的一个网络是没有边界线的,也没有对其成员的资格的要求。"每一个人都把自己看成是他的那群朋友们的中心"[②]。不过,在这样漫无边际的网络里有时也会有某些具有明确边界的小团伙出现,比如会出现什么钓鱼爱好者的团伙,什么玩牌俱乐部等等。

　　生活在一个社会——**不论它会有多么地原始**——里的人们总难免会或多或少地关切他们亲戚之间的或朋友之间的关系是如何的,而且人们之间是不可能除了维持血缘亲族关系或某种铁杆的共同利害关系之外再无其他任何纽带关系的。既然血缘的网络是会向外延伸扩张的;那么在这延伸扩张的形势下,朋友的网络、初认识的人的网络、因一些偶然的原因而结交和认识的人的网络等等,都会成为

---

① Barnes, *op. cit.*, p. 43.
② Ibid., p. 43.

血缘的网络的延伸和扩展。所以，一个社会里总会存在着很多硕大无边的关系网络。在原始社会里，网络内部的向心力的强弱全视其血缘关系所蕴涵的亲情之强弱。有些网络在体现血缘关系蕴涵的亲情方面有一种延缓性或潜藏性；由于这种延缓性或潜藏性之存在，遂使这样的一些网络有可能在其所在的社区的边缘进行延伸和扩张，从而在某些偶然的场合下把一些本非它们的成员吸收进来。可以举一个在澳大利亚曾出现过的事来作为例子。在澳大利亚的中部有时两个人本毫不相识的，但有一个第三者是与这两个原来互不相识的人均存在着亲眷关系的。由于这第三者的介绍，这两个本不相互认识的人变成了朋友，然后这两者又变成了密友。①

如果一个部落成员的人数很多，各户的住处又很分散，甚至有很多户干脆就没住在任何的村落里——**像尼日利亚的蒂夫族人就是这种情况**——这样一来一整个部落就会成为"全国范围的网络"了。不过如果我们了解了在美洲早期的历史上原居住在落基山以东半干旱地区的印第安人的情况，或是亚马孙河流域的印第安人的情况，或是菲律宾的吕宋岛的土著人的情况，那么我们大概就不再会对"全国范围的网络"发生多大的兴趣了。但凡是"部落的小分支"，或"部落下的一个门户"，或"村庄"，甚或

① A. r. Redcliffe-Brown, *The Social Organizations of Australian Tribes* ("Oceania Monographs", No. 1 [Melbourne Macmillan Co., 1931]), p. 95.

"部落"，等等都可以算是界限比较清晰的社会系统；在两个像这样界限比较清晰的社会系统之间是很难给像样的、或能长期存在的关系网络以生存空间的。即使一时冒出了个在夹缝里生长的新关系网络，它早晚或是要投靠一个早就已存在的老的关系网络，或是散摊子。如果在夹缝里冒出的是一个个人的话，那么他早晚是要被一个早就已存在的老的关系网络或是同化或是降伏。但是就一个完整的社区来说，它会是一个扎实的实体，不易被整垮；它的内部的人与人的关系由于血缘这个因素以及彼此共同的利害关系的存在而变成为制度化了的实体。关于社区是个扎实的实体这么个概念，巴恩斯给了这个概念一个很好的诠释，他说："原始社会是个网络，但这个网络的所有网格都很小。文明的、城市里的或大规模的社会也都是网络，但它们的网格是较大的。"巴恩斯还说："我在这里说的'网格'只不过是指网络里一个网眼的大小。……在一个原始社会里，一个人虽会有若干条'关系线'伸出去，但它们伸出去需要走过了好几个链接之后才有可能折返回到他自己身上来。在现代社会里的情形就不一样了。一条关系线从一个人身上伸出去刚走没多远就马上兜回到他自己身上来了。"[1] 居住在非洲的祖尼族人的任何一个人都没有任何关系线往外延伸。如果你认识了他，你就休想通过他去认识任何别的人。在挪威的乡村地带里，通常的情况是：一

---

[1]　Barnes, *op. cit.* p. 43.

个人总有若干条可以引导他去与远处其他教区里的关系进行接触的关系线，在这方面农村社会的情况和原始社会的情况相仿；在农村社会里，一个人的社会关系中的大部分都是通向他的亲戚的，不过农村社会的网络的网眼要比原始社会网络的网眼大得多，也松得多。在加拿大的法语区里生活的农民花很多的时间去旅行，但他旅行的动机只有一个，那就是去看望亲戚。即使是个最最邻近的社区，只要那儿不住有他的亲戚，那么他一辈子也不会到那儿去一趟的。但如果他有亲戚住在魁北克的话，那么他就会不辞辛苦地借着到圣安博普雷去朝圣的名义而旅行到那儿去和亲戚团聚。①

由于在全世界的现代社会里普遍地都存在着"全国范围的网络"；这就让人类学学者们觉察到了一种新型社会关系体系的存在，因而使他们开始对它进行研究。这使得他们分出心来而不再把他们的注意力只局限在对从事土地耕种者的村庄的研究，或只局限在对由住处十分分散的有地的农夫们形成的社区的研究。现在人类学学者们开始关注一个村庄是怎么和别的村庄形成了社会关系，一个农庄主是怎么和他远方的亲朋好友形成了联系，一个城镇是怎么和乡村形成了社会关系；总而言之，到处都在出现社会关系的网络。除了那种以家庭和邻里为起点而向上延伸，

① Horace Miner, *St. Denis*: *A French-Canadian Parish* (Chicago University of Chicago Press, 1939), pp. 69—70.

去和地方的政府部门，乃至中央政权的一些部门发生联系，从而造成了一些关系体系之外的网络。现在的人们相互之间联系之频繁是很惊人的。特别是从事土地耕种的人们之间以及乡村的社区之间的相互联系的状况已经发展到了有关的学者不能不对它们进行研究的地步了。现在的形势是：相互进行着联系的人们都各自有其固定的地址，相互联系的双方虽都天各一方，然而因为双方都固定在联系的纽带体系之内了，所以双方的关系就都稳定地维持下来了。这样的一种形势给人的启示是什么呢？那就是告诉人们：一种逐渐脱离低级联络水平而向科学幻想性的社会关系的远景推进的趋势是越来越成熟了。通信点和通信线路的轮廓正随着人们思路的变迁而提升其级别。这不禁让我们产生这样的遐想：在未来当我们看到在世界上出现了高档次的、堪称为名符其实的、"全国范围的网络"型的社会制度以及与之相适应的社会结构的时候，如果我们想表述这种高档次的社会结构的特征的话，那么我们该如何来措辞呢？

很显然，在"全国范围的网络"里的人们之所以会彼此维护着他们之间的联系，或在把彼此间的联系保持了一段时间之后断开这种联系，其根本的原因在于双方在对维持彼此关系的态度、动机和兴趣上是否一致。在这方面，奥斯卡·路易斯曾把墨西哥的乡村社会和美洲东部的印第安人的乡村社会做了个比较，做这个比较的目的是想弄清楚在对维持彼此关系的态度、动机和兴趣上的差异究竟会

带来什么样的后果。① 如果我们对墨西哥的乡村做些调查
的话就会发现：在那儿，村与村之间彼此有来往的话，产
生来往的最主要的动机是彼此做买卖以及在节假日期间彼
此串门；次要的动机是完成政府规定的某些差役以及朝拜
一些圣迹。在墨西哥各地的社区盛行族内（或部落内）联
婚的习俗；因此在每一个族的社区里或部落的社区里，文
化上都是一元化的。一个社区的所有成员都有很强烈的对
其社区的忠诚感。当一个人（或一个家庭）一旦离开自己
的社区外出，或是去到了别的社区，或进到了城市里，那
么他（或一个外出的家庭）在一切言和行上不仅会保持着
他（或他们）在自己社区时的本色，而且还只会以他个人
的（或他们各个人的）身份来行事。他在外的（或一个外
出的家庭在外的）一切活动对于他（或对于一个外出的家
庭）在自己社区内的地位或身份都是无关紧要的。

　　迄今为止，我们还从没有发现存在有这样的两个社
区，即：它们不仅从其文化和社会结构上都已完全达到了
"全国范围的网络"化的水平，而且它们俩还正处于在
"全国范围的网络"的水平上保持着彼此紧密联系的状态。
我在这儿说的是印度的情况。我们在印度的乡村进行调研
时发现：在那儿，一个农村的社区通常是局限于在种姓制
度的渠道里和若干个其他农村社区发生联系的。一个农村

① A. Shah, "A Dispersed Hamlet in the panch mahals", *Economic Weekly*
(Bombay) (January 26, 1955), p. 115.

社区内部的团结常常是要受到它的成员与属于其他社区的相应的种姓成员间私人关系之好坏的影响的。在印度的一个乡村社区里，如果一个人遇到了难处或受到了别人的伤害，那么他的生活在别的社区里的相同种姓的友人或亲戚就会挺身而出来相助的。如果一个社区里的成员多是较高档次种姓的人们，那么这些人们的影响面就会覆盖很大的一片地区；甚至会有有关社区的种姓族谱专家，或专门研究某一个或某几个特定的种姓的历史专家出面，著书立说来把某地区的某个或某几个种姓内部的荫庇措施制度化。再者，在印度北部的乡村地带存在着些"全国范围的网络"。不过它们中的大多数是建立在以婚姻为基础的人事关系之上的。那儿的村落实行的是族外联婚制度。以旁遮普邦为例，据说"那儿的每个村庄的居民如果要嫁出女儿的话，那就只能固定地嫁到有数的几个村庄里去。但如果要娶个老婆的话，那就只能固定地到另外的若干个村庄里去娶。这种传统是他们的老祖宗传下来的，所以是不能任意改变的"。因此，在这样一类的乡村地区里存在着"全国范围的以婚姻关系为基础的网络"。玛丽安·史密斯曾对旁扎比乡村进行过调研，她说："凡是实行这么一种婚姻制度的一个村庄在娶或嫁上所涉及到的别的村落在地理上的距离可以是少至四英里和远至八英里。"① 基尚加希村

---

① Marian W. Smith, "Social Structure in Punjab", *Economic Weekly* (Bombay), II, No. 47 (November 21, 1953), 1297.

庄（它在德里的东南方向上）实行的也是个本村人不娶或嫁本村人的风俗。"在婚嫁中，这个村的姑娘被嫁到外村去了，外村的姑娘娶被进到村子里来了。就这样，这个村和它以外的三百多个村庄结成了嫁娶的关系。"[1] 马黎奥特对基尚加希村做了调研，他发现占这个村现有的全部婚娶关系中的百分之五十七的婚姻已导致该村和十六个城市（或城镇）发生了联系。至于该村庄由于婚娶而与别的村庄建立起的联系都使双方的关系保持着很好的状态。在印度的北部有一个村庄的情形是这样的：如果这个村庄里有一个低种姓的男子得罪了别的村庄里一个高种姓的人，"那么他完全可以跑到他母亲的，或他妻子的，或他姐妹的亲戚家里去躲避"；"该村庄里的孩子在小的时候往往会随着他的妈妈回到她的娘家（在外村里）去住上两或三年，然后才回到他父亲的家里来住。"[2]

简而言之，构成印度的"全国范围的网络"的主要元素有两个：一是同一家庭成员之间的联系，二是同种姓成员之间的联系。这两种联系往往是代代相传的；它们是一种类型的村庄与另一种类型的村庄之间保持联络的纽带，而且也是居住在一个村庄里的一些家庭与居住在其他村庄里的、在文化与门阀上与它们相匹配的另一些家庭保持联

---

　　① Mc Kiim Marriot, "Little communities in an Indigenous Civilization", *Village India* (*Chicago University of Chicago press*, 1955), p. 175.

　　② Bernard Cohn, "Changing Status of a Depressed Caste", *Village India*, p. 57.

络的纽带。所以，这种情况就好比说有人把原始型自给自足社区所特有的那种社会结构分离了出来，然后把那种社会结构的主要成分散布到一大片地区里去。其实印度的全部乡村地带就是一个稍稍经过了改头换面的原始社会，或曰部落社会，它的稍稍改头换面也只不过是为了适应它所特有的那种文明的需要而已。

　　要想对印度的"全国范围的网络"有一个深刻的了解，那就必须先掌握下述几个方面的信息：（1）关于这个网络的网眼的宽和紧的程度的信息，（2）关于这个网络的规模究竟有多大的信息，（3）关于由网眼所形成的各种关系所支撑起来的所有当事人的利益究竟有多少种类的信息，（4）关于当事人之间关系——**不论是一时性的关系还是长期性的关系**——的稳定度有多高的信息。

　　我在上面段落里说的那些话是对我在本书的别处所做的有关三种类型的社会关系系列的阐述的概括和扩充。巴恩斯早在考察挪威农村的情况时就已发现了这三种类型的社会关系系列，我在上面段落里说的话只不过是把他对这三种类型的社会关系系列的理解和估价加以补充而已。我以为巴恩斯在他关于这三种类型的社会关系系列的著述里提供了很多活生生的实例，这些实例对于那些有志于去研究一个在其内部的关系上，以及在与其他社区的相互关系上都远比一个原始性的部落复杂得多的社区的人类学学者来说都是很有启迪意义的。我以为我们在研究中应该潜心于去发现那三种类型的社会关系系列，也就是巴恩斯在考察挪威的那个岛屿上的教区社区时所发现的那三种类型的社会关系系列（或曰三种类型的域）；也就是：（1）以疆域为基础而形成的群体层次结构，（2）或多或少独立的经济方面的活动领域，（3）全国范围的关系网络。这三种类型的社会关系系列不单存在于由务农的人们组成的社区里，现代的国家里也同样存在着；而且在原始型的社会里和非欧洲性的社会里就都已显示出了它们的端倪。我们不妨把这三者看成是三种方法。原始型的、自给自足的社会在运用它们的过程中为后来的各类型的社会所超过了；但也可以说：原始型的、自给自足的社会在运用它们的过程中不但栽了个大跟头而且还被这三种方法所瓦解了。然而这三种方法却是随着社会发展的长河而泛流到了今天。在非洲，有很多部落在扩大和发展着，以至于它们都已覆盖了大面积的土地。尽管在它们覆盖的疆域里人烟很不稠密，但它们毕竟是发展了。所有这些发展和扩大了的部落都有很显眼的"全国范围的网络"，但这样的部落所拥有的"全国范围的网络"是没有从事耕种土地的人们的份的。可以肯定地说：在西班牙征服者到来之前的墨西哥高原地区里，村落与村落之间早就已经存在了"全国范围的网络"。既然阿兹特克人的首都是一个城市的中心，因而阿兹特克的精英层也云集在那儿，因此那时的墨西哥的全国范围的网络必然要成为乡村型的网络。只要是一个文明已全面兴起的地方，那么我们都可以把那个地方的网络设想为属于乡村型的。不论一种文明有多么灿烂伟大，但在该文明所覆盖的区域内仍不免会有一个小地区与另一个地区之间在文明发展程度上的差异。这种差异是会造成这两者之间在网络方面的差异的。那种以务农者与精英层保持着亲密关系为特征的网络在英国一直持续到了近世，也就是说在英国一直到近世都保留着犹如中世纪的那种由庄园主占主导地位的文明状态。之所以会如此，那是因为英国的士绅原本就是从乡下人嬗变出来的。在这一点上英国的士绅确是与法国或意大利的士绅截然不同的；后者一直栖身于城市文明，因而与国内的农夫们实在没有多少兼容之处。德国的一些学者们很重视对原始形态的社会的经济的研究，他们认为在原始形态的社会里存在着"毫不露声色的市场"。其实，即便是在"毫不露声色的市场"的时代里，经济领域便就已经存在了；而且这种市场在"前文学社会"里就在不断地发展着，以至于它最后成长为阿波美**（古代达荷美王国的首都）**的大市场。据说那儿的大市场可以容纳下一万人同时进行买卖活动。① 但话又说回来，能让卡玛尔（**罗马尼亚赛拉牙县的一个社区**）的工人离开自己的村庄到远处的棉纺厂或黄麻纺厂去干活，或者能让非洲土著部落里的人远离自己的部落到钻石矿里去干活，或者能让新几内亚土著部落里的人离开自己的部落到遥远的种植园去干重活、累活的原因却并非是商贸活动，而是工业。那独立于本乡本土的土里土气的生活之外的工

---

① Herskovits, *op. cit.*, p. 57.

业——特别是那种需要大笔投资而且技术先进的工业。农耕这一行看起来似乎是包含着若干个具有清晰运作程序的经济活动领域；但是就对部落的传统的土里土气的生活方式的破坏作用这一点说来，农耕从总体上说来就远弱于其他的若干种很能打动部落里人们的心的经济活动。越是生活在原始又低级的水准下的人们，一旦在他的部落的地块里建立起了现代的工业，他就越容易投入到工业上去谋求生存。那些不仅已占有了一片土地，而且已把自己的生活方式稳稳当当地调整到与文明的很多方面相协调的状态的农民，要比社会上别的群体更容易对工业化产生抵触。[1]在欧洲以外的很多社会里，社区居民应有的政治权利往往被酋长、社区长老会，以及其他种种当权者剥夺掉了。在非洲很多地方，种种对社会实行政治的和行政的控制的权威机构都是非常等级森严的。对不同定居点的居民的统治靠的是强迫他们服从于一个中央权威，也就是对于王室唯命是从。[2]在非洲的一些王国——**比如达荷美**——在王室和国家之间还存在着一些居间的政治体制单位。这些居间的政治体制单位中的一部分实际上是一些地方势力，也就是说：它们就是那种以当地为根据地的等级森严的地方统

① Wilbert E. Moore, *Industrialization and Labor* (Ithaca: Cornel University Press, 1951).

② Max Gluckman, "The Lozi of Barotseland in Northwestern Rhodesea", in *Seven tribes of British Central Africa*, ed. Elizabeth Colson and Max Gluckman (London: Oxford University Press, 1951).

治集团。社会有两种，其一是"完全的社会"，其二是"不完全的社会"。我曾经就组成一个完整社会的两个部分发表过我的见解。社会上所有的人是可以分成两大类的：其一是从事耕种的农民，其二是比农民更具有城市气息的（或说是至少比农民更具有庄园主气息的）精英阶层。这两大类人往往都是站到了完整社会的两半组成部分的连接点（或曰：连接完整社会的两半组成部分的"铰链"）上，而且彼此双目互盯住对方。不仅如此，双方的心中还都怀着一种愿与对方互补的心态。（但是并非在一切问题上双方都彼此互补。）这两大类人之间的关系如何就确定了每一方在对方心目中的地位会是什么样的。处在地位低的一方的人们就会在某些方面接受另一方的政治权威，而且也会接受对方"在道德领域里所给的指导"[①]。

　　如果一个人类学学者先是对一个农民村庄的社会结构进行了研究，然后他到一个农民的社会去进行调研。在这样的情况下他将会发现：在农民村庄里，社会结构的重要部分是由村庄的几位个人来代表的，或者是由外村的某几个人来代表的。精英层的人往往是不常居住在一个远离城镇、城市，或庄园主的居住地的农民社区里的。皮尔逊以及他的同事们曾调查了巴西的农民村庄，发现精英层分子是从不居住在农村里的。在巴西，农村里的事务一般是由

---

① Gideon Sjoberg, "Folk and Feudal Societies", *American journl of Sociology*, LVIII, No. 3（November, 1952）, 234.

农民们自己来料理的；不过，当有什么特殊的事情发生时，村里的农民就会派人到城里去和精英层的人联系；有时地方政府也会派出官员到农村来解决问题。① 我在尤卡坦村做过调研。村里的一部分居民是农民，他们和居住在城市里的若干个精英层的人物保持着很频繁的接触。只有一个来自城市的学校教师愿意住在村里。在欧洲的不少农村里有这样的情况：在农村里居住着若干个衣冠楚楚，举止文雅的人们，他们都受过一定的教育。他们是来为农民办理农民与政府或国家之间彼此有关的事务的。那儿的农民们长期来都管他们叫"知识分子"。桑德斯借用"知识分子"这个词来指保加利亚农村里的类似人物，这包括市长、医生、学校教师等。这些人住进到农村以后形成了他们自己的小圈子，不大和农民有私人来往。平时他们聚在一起谈政治、谈文学，组织和领导村里各种有爱国意义的庆祝活动，有时他们也给农民散发些资料，为的是让农民知道怎么去争取政府来帮助改善农村的状况。桑德斯写的一篇文章，其中有如下的话："这些'知识分子'很有潜力，可以干出的工作的重要性远超过他们现在在农村干的那些工作。他们可以成为一个为国家、教会，以及国家的教育体系向农村传播它们的方针、政策、计划等等的很好渠道。……他们这些人在农民心目有很高的地位，其原因

<hr>

① Donald Pierson（with the assistance of Levi Cruz*et al.*），*Cruz das Almas*（"Smithsonian Institution，Institute of social Anthropology Publication"，No. 12 [Washington d. c.：Government printing Office，1948]）．

有两方面：一是他们是由具有很高的威信和权力的机构派出到农村去工作的代表，所以他们有影响力；二是他们都受过良好的教育。"① 迈乐（加拿大法语区农民教区的牧师，也是该区选出的参议员）曾说过类似的话。这两个人（包括他们的亲人）"都远离了他们的教区社会，他们已不可能和教区里的任何其他人有什么直接的接触。……他们之所以能有今天的地位是因为他们和教区以外的广阔世界有了接触。他们在外面的世界中取得了成就。外面的世界对他们的认可远远超过了教区给予他们的认可"②。在往昔的年代里，挪威国内的大多数神甫都是居住在乡村里的，政府在每个教区都派驻有官员。这些神甫和官员原本都是居住在城市里的精英层里的一部分。③

在不久前发表的由萧柏格写的文章里提到安达卢西亚的阿尔卡拉镇上发生的由神甫和官员这两类人合作而做出的感人的事迹。这两类人中的任何一类都代表了一个由两个半个部分结合而成的完全社会里的杰出的那半个部分；

---

① Sanders*op. cit.*，p. 11.

② Miner，*op. cit.*，pp. 250—251.

③ "所以在一百五十年之前，在每个乡村的教区里都驻有一或两个小官吏；这种小官吏在那儿的生活水平总是要比当地老百姓高得多，而且他们往往不会说当地人的地方话。一个地方上的这样的小官吏经常会和别地方的这样的小官吏调换位置，所以各地的地方政府很难管理这样的小官吏。这样的小官吏常常会雇佣几个当地做生意的人为他当差。这样的做生意的人往往是和当地的群众有很广泛的联系的。但是当这样的小官吏调动工作时，他在当地雇佣的几个人一般是不会跟他到别的地方去的。当地的居民则多数是种田的。"（见巴恩斯的同一著作的第56页）

而这两个半个部分则都住在同一个充满着兼容性的社区里。① 由于从事土地耕种的人们现在已住进了城镇里，并且已让自己和城镇融为了一体了——**他们已不住在乡村或分散的定居点里**——所以他们已不再是地道的农夫了；虽然在他们生活习惯的很多方面以及他们的思维方式仍然像保加利亚或意大利的农民。在阿尔卡拉镇上住着一个有知识的阶层，当地的种地的人们以及社会地位低的人们把这个知识阶层尊称为"先生们"。这些所谓"先生们"的特点是：举止文雅，肯担负起保护他们手下的下等人的责任，有很强的社会责任感和道德责任感，而且不和当地的一些歪风陋习沾边。他们成了当地的一个小小的管理者阶层；实际上这帮"先生们"是（在行政事务方面以及文化事务方面）充当了介于双方——**即以管辖该镇的市政府当局为一方和以该镇的以半农半商为业的居民为另一方**——之间的中间人。但是每逢该镇与其他镇的贪婪的行政官僚群体产生冲突时，这些"先生们"在立场上总是站在该镇的平民百姓的一边来与镇外的势力抗衡。镇上的这些"先生们"在这样做的同时还与其他镇上的"先生们"联手来处理双方共同关心的行政事务和商业事务。曾有人类学的调研人员对类似阿尔卡拉镇这样的印第安人的定居点进行过调查，发现在这样的镇子里的居民中存在着两个类型的生活方式，它们分别属于镇子里的两个社会阶级。这个调

---

① Pitt-Rivers, *op. cit.*

研者在他的文章里写道："……可以看得出来，在这个镇子里施行的不是国家的法律，而是由该镇子自订的法律。取代了国家出台的粮食政策的是当地的磨面厂和黑市粮食交易。……这里没有国民警卫队，却有的是土匪和干走私的团伙。这里没有学校，只有私塾先生。这里没有医生、兽医、药铺，却有走江湖的郎中。这里见不着什么正规的护士，只有那乡下的产婆在那里飞扬跋扈。如果你想在人生里找到个类似宗教那样的避难所，那么你能找到的不会是神甫，而只会是个女巫。"① 在上述的镇子里通常是居住着两种人：其一是来自于城市的精英层里人物，其二是平民百姓；这两者形成了这个镇子的社会结构。

在一个完全的、更大型的社会里肯定是要出现精英层在文化方面向农民层施加教育和示范作用的现象的。这么一种现象按说也应该出现在一个由农民们和类似农民的人们组成的社会里的。如果把一个在完全的、更大型的社会里出现的精英层在文化方面向农民层施加教育和示范作用的现象描绘成为仅仅是在统治者和被统治者之间才会出现的现象，或者描绘成为在剥削者和被剥削者之间才会出现的现象的话，那是把事情看得太偏激了。虽说在这种现象里是含有剥削和被剥削的成分。面对着这样的现象，一个人类学学者很可能会有如下的想法：如何才能恰如其分地来定义"尊敬"、"藐视"、"优越感"、"自卑感"、"让人

---

① Pitt-Rivers, *op. cit.*

倾慕的优秀状态"、"让人唾弃的卑劣状态"，等等；因为
这些状态在农民和精英层分子的关系中都是常会出现的。
农民受教育少，这一点农民自己是知道的；而那些受过良
好教育的人们的一生中虽有部分时间是生活在他们出生地
的社区里的，但是他们有相当多的时间是——**至少思想感
情上是**——生活在都市人的圈子里的。所以他们很容易蔑
视农民。不论在世界上的什么地方，城里人在对待乡下人
的态度里总蕴涵着蔑视，自以为高人一等，或者"羡慕"
乡下人的纯朴、吃苦耐劳乃至无邪天真，等等——**但这种
"羡慕"不啻于是蔑视的另一种表示方式**。至于农民，他
们则承认自己低于城里人一等，因为自己缺文化少教养，
但又本能地觉得城里人总结出的所谓"乡下人的纯朴、吃
苦耐劳乃至无邪天真"确是至理名言，从而鄙视城里人的
懒惰、虚伪和骄奢淫逸。农民会承认自己在文化水准上比
城里人低，但在道德层面上则要比城里人高得多。

　　在那些专门研究社会结构的研究人员看来，原始型的
社区是一种比我们通常所见的社区要小得多和简单得多的
社会结构系统。在这种系统里，人际关系是非常紧凑的，
多是私人与私人之间的较协调的来往。随着文明之扩展蔓
延，社会关系就逐渐越出了地方性的社区的范围而且大大
地减弱了它的协调性（这是各种类型的工业竞争的必然后
果）；接踵而来的是越来越多的公事公办的、非私人之间
的人际关系的出现。但在由农民组成的社会里倒是出现了
比较稳定的农民社区与全体国民的生活状态（在有些国家

里则是与封建阶级的生活状态）之间在大面上的彼此协调的状况。在这样的情况下，整个社会就转变成了一个"更大型的社会制度"。什么叫"更大型的社会制度"呢？那就是：在一个大型的社会制度和它的文化之下存在着两个小一点儿的社会制度和它的文化。也就是说：一个社会制度包含了属于它的高级的"一半"和属于它的低级的"一半"；这两个"一半"凑成了完全的它，即这个大的社会制度。它的这两个"一半"之间在文化方面的关联是个不能掉以轻心的问题。萧柏格说得好："……精英层把自己所创造出的辉煌成就展示给农民看了……而且促使社会制度里的农民的'一半'主动去理解精英层之所以必须存在和延续下去的深奥的机理。"① 我们不妨把农民的文化想象成一个和另外的几个比它大但在轮廓上不如它清晰的文化圆圈半重叠着的小圆圈；我们还不妨把农民阶层的生活想象成是处在一个很低位置上的圆圈，它在沿着一个人类文明给它铺设的螺旋形上升的轨道向上滚动着。如果专门研究农民社会的学者企图在自己的著作里描述一下农民社会里社会关系的体系的话，那么他就应该首先研究那些能把文明的高层次的内容衔接到文明的低层次内容的社会关系的状况。至于如何来研究那些能把文明的高层次的内容衔接到文明的低层次内容的社会关系的状况，那就请您阅读本书下一章的内容。

---

① 　Sjoberg, *op. cit.*

第三章　全社会围绕着"传统"
而做的组织工作

　　"一种文化"这一概念之产生乃始于一部分人类学学者在对原始性的孤立地存在的部落小群体进行探究的过程之中。安达曼群岛的土著居民有他们的文化；特罗布里恩部族的人们、澳大利亚的阿兰达的土著、祖尼部落的人们，等等，都分别有他们各自的文化。每一种文化都向来被看成是一种独立的、自给自足、别无他求的体系。在出现了"一种文化"这一概念之后，另有人提出了"独立自治型的文化系统"的概念。近期以来有人对"独立自治型的文化系统"这一概念下了个明确的定义。这个定义说："所谓'独立自主型的文化系统'乃是一个自给自足、别无他求的体系；也就是说：这个系统绝对不需要有另一个系统来给它补充、互换，或奉献什么资源。"像祖尼部落人的文化，或安达曼群岛的土著居民的文化等，都有资格被人称之为"'独立自主型的文化系统'。因为在每一个这样的系统的内部都有多个既相互依赖却又能够自发地相互调整关系的组成部分。每一个这样的系统都是独立自主的，这是因为它并不需要别的什么系统来支援就能持续不断地履行它的职能"①。如果一个人类学学者对一个这样的系统进行考察的话，他就会发现从外界传播进到这个系统覆盖区内的某个部族（或某个部族分支）里来的外来文化成分的确切无误的痕迹。不过这个人类学的学者也肯定同时会看到，这个系统并不会因为有外来文化成分的传入而影响到它的持续运转。这个学者如果想弄清这个系统的各个部分的内容以及它们分别是如何在运转着的，那么他单是研究这个系统本身就可以获得全部他想获得的信息了。在这样的系统内部也会有些例外的情况发生的，我指的是诸如：一个系统内的某个部族，或某个部族的分支，在某些特定的活动上——例如在某种商务活动上，或为获得某种特殊的服务上——需仰赖于部族之外的某个其他部族，或其他的部族分支的例外的情况。但这一类的情况是极少发生的，不足以改变这样一个事实，即：一种文化之所以继续存在靠的是创造它的那些人们把它当作是一种遗产来代代相传。

从另一个方面说，一个农民社区的文化却并非是独立

---

① "Acculturation: An Exploratory Formulation" (The Social Science Research Council Summer Seminar on Acculturation, 1953 [members: H. G. Barnett, Leonard Broom, Bernard J. Siegel, Evon Z. Vogt, James B. Watson]), *American Anthropologist*, LVI, No. 6 (December, 1954), 974.

自主的；它只是它所附着于其上的那个文明的一个方面，或一个层次。既然农民社会只不过是附属于一个大社会的"一半"，因此农民的文化就只能是个"半个文化"。如果我们认真地观察一下这"半个文化"，那么我们就发现有两个真实地存在着的现象；然而这两个真实的现象在原始型孤立无靠的部落或这种部落的分支里却不是真实地存在着的。第一个现象是：农民的文化为了让它自己能延续存在下去就必须不断地把它从外界舶来的思想传输给它所覆盖的那个社区。一个由聚居的农民组成的村庄在智慧方面、宗教信仰方面和道德水准方面永远是处在一种残缺不全的状态之中的。凡是研究农民社会的学者都应该对那些深入到边远地区的农村里去当教师、当牧师，或当调研人员的人们的心态特点有一定的了解；因为这些人的思想直接影响着农民，而且很可能他们自己的思想同样也受着农民思想的影响。由于农民的文化系统的发展和其他文化系统之发展是同步的，所以要想去全面地了解农民文化的话就决不能单纯从事于了解农村居民的思想状况。第二个现象是：乡村的居民常盼望学者们肯长期地潜心于观察乡村的社区是如何与国内的许多文明的集中展现地点进行互动的。很明显，农民的文化有着它自己的发展史，而人们是盼望着人类学学者去研究那个发展史的。但是要去研究农民文化的发展史就不能只是孤立地研究某个区域农民文化的发展史，而是应该采用人类文明发展的视角去研究农民文化的发展史。这是因为一个农村社区的文化实质上只是人类文明在那个农村社区的表现而已。上述的两个现象是所有类型的农民文化所共同具备的两个方面；对此，乔治·福斯特在他写的文章中是阐述得很清楚的。他的文章是在前不久才发表的。文章的内容是总结他考察拉丁美洲的不同类型社区的收获。在文章中他写道："在拉丁美洲，区域性的文化总是通过不断地和由本国高文化阶层和科技阶层创造出来的成果的接触来不断地为自己吸收营养的。"① 他还说："真正的原始型的社会与农民社会之间最鲜明的区别就在于：后者自从它在世界上出现之后的数百年里始终是与人类的智慧之发展和文明之发展的核心保持着接触的……"②

　　农民文化是一种多元素复合而成的文化，它完全配得上被称为"人类文明的一个侧面"。如果我们想去深刻地理解它，那么我们应该怎么做才能走出我们的第一步呢？如果我们想走出这第一步的话，那么我们必须先承认一个前提，即：在大传统和小传统之间确实存在着差异。其实在本书的前面部分讨论文明的一些段落里已经谈到了这个前提了。（**在这儿我用了"大传统"、"小传统"这样的**

---

　　① George M. Foster，"What Is Folk Culture?" *American anthropologist*, LV, No. 2, Part 1, (April-June, 1955), 169.

　　② Ibid. p. 164，在把这段话引用进我的文章时我把原文中所有的"群众"二字一律改换为"农民"二字。我做这样改动的目的是为了使这个引文里用的字眼和我的文章中该段里用的字眼一致起来，因为我在该段的上下文里只使用"农民"这个字眼，而不使用"群众"这个字眼。我认为福斯特所说的"群众社会"和我在我的文章里说到的"农民社会"在含义上是差不多的。

词；请读者不必对此感到突兀，因为我在前文里其实早就用了像"高文化"、"低文化"、"民俗文化"、"古典文化"、"通俗传统"、"上流社会传统"等等词语。在后面的章节里我还会用到像"等级制文化"、"世俗文化"等词语。）在某一种文明里面，总会存在着两个传统；其一是一个由为数很少的一些善于思考的人们创造出的一种大传统，其二是一个由为数很大的、但基本上是不会思考的人们创造出的一种小传统。大传统是在学堂或庙堂之内培育出来的，而小传统则是自发地萌发出来的，然后它就在它诞生的那些乡村社区的无知的群众的生活里摸爬滚打挣扎着持续下去。哲学家、神学家、文人所开拓出的那种传统乃有心人处心积虑加以培育出来而且必欲使之传之后代。至于小小老百姓们搞出来的传统，那都是被人们视为："也就是那么回事罢了！"从来也没有人肯把它当回事的，慢说下什么功夫去把它整得雅一点，或整得美一点！因为那是不值得的！

　　然后我们走进了一个存在于大文明环境内的村庄，那么，用不着别人来点拨，我们自己一眼就能看穿：这么一个村庄的文化全是教师们和各行各业的模范人物们硬把它打扮出来的。然而这帮教师和模范人物们自己却是一辈子也没见到过农村到底是个什么样的；因为他们始终只是在知识分子的圈子里寻生活，而那个知识分子的圈子不论从空间上还是时间上都离乡村远着呢！在乔治·福斯特开始他的拉丁美洲乡村考察之前，他本设想那儿的农村是会具有欧洲文明的痕迹的。他本想在那儿能看到前工业时代欧洲农村的影子，也就是：到处是给田地浇水的水车，到处有天主教智慧的光辉影子，"那种宗教的智慧是在多少个世纪中由人类历史上最上乘的天才对神学上的和哲学上的重大问题做了殚精竭虑的思考后才产生出来的"，到处有教会的组织，到处在上演着宗教剧，到处有政治性的机构，到处有爱护儿童的教父教母，到处有遵照希波克拉底（**古希腊名医，被尊为西方世界医学的始祖**）和盖伦（**希腊裔罗马人，名医，曾当过皇帝的御医**）所创造的体液病理学理论行医的好医生，到处是轻歌曼舞，到处看得见斗牛的场面，这种斗牛活动最初是由西班牙的士绅阶级传给生活在墨西哥或秘鲁的印第安混血儿的小农庄主的，最后才传到拉丁美洲来①。当初乔治·福斯特曾以为他进入拉丁美洲乡村考察后会到处见到上述的种种情景的。

这两种传统②——即大传统和小传统——是相互依赖的；这两者长期来都是相互影响的，而且今后一直会是如此。是什么给了盖伦以启示才使得他创造出了四种体液的医疗理论呢？这启示很可能是来自于一些原是生活于小小

---

① Ibid. , p. 164，在把这段话引用进我的文章时我把原文中所有的"群众"二字一律改换为"农民"二字。我做这样改动的目的是为了使这个引文里用的字眼和我的文章中该段里用的字眼一致起来，因为我在该段的上下文里只使用"农民"这个字眼，而不使用"群众"这个字眼。我认为福斯特所说的"群众社会"和我在我的文章里说到的"农民社会"在含义上是差不多的。

② 当然是存在着若干种大传统的，因为在印度既有伊斯兰教，又有使用梵文的印度教。在每一个大传统之下都是会衍生出很多的支派的。我之所以只说有"两个"，那只是为了把我的话说得简单些而已。

的社区里的、已多少开始从野蛮的状态向文明的状态过渡的小小百姓们平日的思揣。不少伟大的史诗作品的题材都是源之于平民百姓一代传一代的逸事传闻的精华部分；而且一首史诗写完之后也往往会回流到平民百姓中间去，让后者对它再加工和重新融入到种种的地方文化中去。《圣经·旧约》中阐明的诸多道德原则其实原本都是部落社会里流行的一些道德准则。然后许多古代的哲学家和神学家们对之去粗取精、去伪存真之后就被归纳入《旧约》中去了。于是经过《旧约》，这些道德教诲就又传回到了各种各样的农民社区里去。《古兰经》的内容为什么会是它现在的那个样子的，而不是别样的？那是因为它是产之于阿拉伯人之中，而不是产之于中国人之中。孔夫子的那一套经典并非是他独自一人在那里冥思苦想出来的。但话说回来，平民百姓不论是对于《古兰经》内容的理解也罢，还是对孔夫子写出的经典的内容的理解也罢，在过去是，今后仍然是，只会按照他们自己的方式去理解，而不会是按照穆罕默德或孔丘所希望的方式去理解的。我们可以把大传统和小传统看成是两条思想与行动之河流；它们俩虽各有各的河道，但彼此却常常相互溢进和溢出对方的河道。

　　在一些严重地与外部世界隔绝的部落内部的，或部落分支内部的生活里，这两种传统简直就是无法分清的。如果我们读一读拉德克利夫·布朗写的关于安达曼群岛居民的调查报告，我们就会看到在群岛上生活的居民们所奉行的宗教里面和他们的思想里面都丝毫也找不出什么神秘诡

异的内容。很显然在岛上的那些居民中上了岁数的人们也
不比年轻的人们知道更多的岛屿生活方面或岛屿历史方面
的鲜为人知的秘密。甚至在人口上比安达曼群岛上社区的
人口更多的、在谋生的手段和艺术上也比安达曼群岛上的
人们更先进的大型原始社会里，同样会出现宗教信仰和知
识在其居民中无障碍地广泛传播的现象；因为这是所有很
大型的原始型的社会所共有的特征。像尼日利亚的蒂夫族
人，该部族里务农的人口大约有一百万人。"在这个部族
的人们中不存在什么技术词汇，因为在他们当中不存在搞
技术专业的人，也基本上不存在什么需要专门技术的工
作。为维持其部族生活而需要人们去做的任何一个方面的
工作没有哪个人是干不了的。"① 该部族的社会是个原始型
的社会，它是没有什么大传统的。不过毛里人"则要对部
族里的年轻人传授关于该部族的所有超级神话的两种不同
的传说法。其中的一个传说法是只在所谓的'塔浦'学校
里才传授的。至于另一个传说法，它是不对部族里为数众
多的普通成员公开的，而只传给较高等级的专家和神职人
员，以及很少数地位特殊的人们。"② 西非的土著人分别建

---

① 《阿奇加的故事》一书是由鲁泊特·伊斯特翻译并加了注解的。（此
书于 1930 年由牛津大学出版社出版。）请参看该书的第 11 页。

② Elseedon Best, *Maori Religion and Mythology* (Dominion Museum Bulle-
tin No. 10 [Wellington N. Z. : W. A. G. Skinner, Government Printer, 1924]),
pp. 31—32. 也请参看 B. Malinowski, "Baloma: The Spirits of the Dead in the Tro-
briand Islands", in *Magic, Science and Religion* (Glencoe, Ill. : Free Press,
1948), pp. 125—227, 231ff.

立起了若干个社会结构比较复杂的国家，在这样的一些国家里产生了两种传统，我们不妨把它们分别叫做"较大的传统"和"较小的传统"。至于如何来区分这两者，那就是那儿的各个国家里的一些原始形态宗教信仰的主事祭司们的权利了。这一类的原始形态的宗教信仰完全被那儿的各国民众所接受，而且他们都把这一类的宗教信仰看成是非常高深神秘的神道。凡是申请加入这一类神道的人都先要被隔离七个月。在这七个月的隔离期中他必须接受一种秘密的训练。在那儿的各个国家里还有一些人被称为宗教信仰专家（比如那些充任祭司的人们）这些人们对宗教信仰的理解是不同于各国的世俗人民对于宗教信仰的理解的。举达荷美的"信天道"（Skycult）为例，这个神道里的祭司们都能很清楚地说出该神道里神与神之间的相互区别和各自的特征。但是信仰"信天道"的一般信众们在这方面就非常糊涂。① 格里奥尔教授②写的一篇文章里就曾说过这样的话："在苏丹国家里的某些人中曾酝酿着一股非常深刻、系统和有见地的思潮。"

　　上面举出的那些例子都说明：有些国家里的文明发展状况是有违于世界文明的总体发展趋势的，而在这种国家里既会出现大传统和小传统分道扬镳的现象，也会出现全社会积累下的知识一分为二的现象——神道会垄断全社会

---

① 　Melville Herskovits, *Dahomey: an Ancient West African Kingdom* (New York: J. J. Augustin, 1938), Vol. II, chap. xxvi.

② 　Marcel Griaule, *Dieu d' Eau* (Paris: Les Editions du Chene, 1948).

积累下的知识的一部分，而全社会积累下的知识的另一部分则归了世俗大众。在这些国家里，那些崇奉大传统的人们的活动区域和他们的生活住处往往是和世俗大众的活动场所和居住地接近的。但那些祭司和原始型社会里的哲学家们倒可能故意把他们的居住和工作的地点选择在远离世俗大众的地带里。

在前面的章节里我列出了一系列的非欧洲型的社会；它们在上面章节里出现的顺序是依据于大传统在这些社会里显现程度的强弱而定的。也就是说：在哪个社会里大传统显现得越强烈则该社会就越早在前面的章节里出现。我们还可以从古代的墨西哥人的和玛雅人的社会中挑选出几个社会来补充到这一系列的非欧洲型社会的名单中去。这样地来扩充这个名单是合乎逻辑的。为什么是合乎逻辑的呢？因为很显然既然寓居于中美洲的那些民族都有个共同的特征，那就是它们都已创造出各自的大传统，那么它们就都已经创造出了一种名符其实的文明。我完全赞同一位专门研究上述那些种文明的学术带头人在前不久发表的对它们的阐述，因此我认为：可以把玛雅人建起的不朽的石造庙宇和宫殿看成是他们的等级制社会的文明的表现，还有他们的高度细巧、复杂、玲珑的各种艺术品，他们用象形文字写出的文献，复杂的算术计算，他们的天文学和历法，他们信奉的那些与地球和自然界的力量似乎不相干的神与魔，以及他们所创造的神权政府等等，都是那些文明的直接表现。但在另一方面，我们也看到在他们的那些神龛式的城市的外面以及在他们的那些小村庄里面却出现了基于谋生的活动而产生的世俗人的文化。这种文化的若干表现中包括了手工制作的产品、乡村的建立、与乡村相关联的种种组织的建立，以及一种基于对自然力崇拜的宗教的产生。彼德罗·亚米拉斯博士说了下面的一些话；从他下面的话里我听出来了，他把生活在哥伦布发现美洲之前的玛雅社会里的大传统与小传统之间的割裂状况夸大了。但是他确实是赞同我认可的那个观点的。下面就是他说的话：

有一个关于古典的玛雅文明的新观点是这样地认为的：

……这个文明是由两个"有各自的文化的社会阶层"（或者叫做"有各自的亚文化的社会阶层"）创造出来的，这两个社会阶层相当于两个社会群体。具体地说，就是（1）在"礼仪中心"里掌着权的贵族，和（2）居住在村庄里的种田人和庄园主。前者，即那伙贵族们，显然是属于宗教界的有实力的团伙。（至于从贵族里又分衍出了国家的军旅精英以及富贾大亨，那都是后话了。）民间的文化则在全国乡村的社区里生龙活虎地演绎着、被保存着，丝毫也没受上层社会的文化发展的影响。当年的所谓"礼仪中心"在很大的程度上恐怕是徒有其名，因为贵族的人数在全国的总人口中想必是只占很小的比例；不仅如此，当年的城市实际上并不能履行多少本该由城市来履行的功能。再加上种种不可逾越的上层社会和下层社会之间的阶级壁垒，这就使得从"礼仪中心"萌发的种种大传统的文化影响都被滞留住了而不可能渗透到乡村群众那里去，因而也就不可能使产生于民众之中的民间文化升级为农民文化。

如果上面所说的那个新观点是正确的话，那么当年的精于世道的玛雅贵族的以及当年的玛雅乡村居民的世界观和伦理道德观念就完全不应该是像我们今天所想象的这样了。如果用上面所说的那个新观点来剖析当年的玛雅的话，那么就应该说：古典玛雅文明之涤荡实为玛雅上流社会阶层之解体，而丝毫未损及作为古典玛雅文明之基石的种种地方性的民间文化。这种情况是否真的发生在当年的玛雅了呢？隆伊尔曾就他在库磐的调查写出一篇文章，它对于当年是否发生了古典玛雅文明之涤荡的问题提供了清楚的回答。我们从其他来源获得的为数不多的有关古典玛雅文明毁灭的资料和隆伊尔在他的文章中所做的假设是没有什么矛盾的。①

现在有越来越多的人们认定：美洲土著人的文明是经历了若干个发展阶段之后才达到了后来的那种发达状态

---

① Pedro Armillas, "The Mesoamerican Experiment", in *The Ways of Civilization*, ed. Robert J. Braidwood, MS.

的。在其发展的过程中产生出了种种文化的和社会群体之间的关系。这些文化的与社会的关系与旧世界（即在哥伦布发现美洲之前的欧洲）的各种文明在它们的创造之初衍生出的种种文化的和社会群体之间的关系是很相似的。[1]不论是诞生于旧世界里的文明，还是诞生于新世界（即南、北美洲）里的文明，在他们的成长过程中都需要相同的几种不可或缺的元素。这几种不可或缺的文化方面的元素实质上就是，而且也都是，所有的土生土长的文明所共有的一些特征。那么这些特征是什么呢？它们就是：（1）一种文化被创造出来了，然后分裂成为（甲）上层统治阶层和僧侣阶层的大传统和（乙）世俗人们创造的小传统；（2）社会上出现了一个精英集团，这个集团既掌握了管理世俗人们的权力又掌握了管理宗教事务的权力，不仅如此，这个集团还是全社会的智慧生活的全权制造者；（3）把所有部落的成员全改造成为种地的农民。

我们现在还可以从中美洲的一些国家的发展过程里寻觅出上述四个特征的部分踪迹，但这些踪迹已不是靠直接的观察就能发现的了。即便我们去查找有关的文章记录，那也存在一个问题，那就是那些有关的文字记录在内容上也已掺杂进了相当

---

[1]　Julian H. Steward, "Evolution and Process", in *Anthropology Today*: *An Encyclopedic Inventory*, ed. A. L. Kroeber（Chicago University of Chicago Press, 1953）, p. 323; "Cultural Causality and law: A Trial Formulation of the Development of Early Civilizations", *American anthropologist*, LI, No. 1 January-March, 1949）, pp. 1—27.

浓厚的从美洲之外入侵的其他种类的文明所特有的色彩。从美洲之外入侵的其他种类的文明所特有的色彩是特别容易给专门研究文化的学者们留下深刻的印象的，至少专门研究拉丁美洲农民社会以及他们的文化的学者们是如此的。比如说，乔治·福斯特就是如此的。他说他能清清楚楚地看到那"几种不可或缺的文化方面的元素"从西班牙士绅阶层的手里款款而下地流入南美洲，也许就流入了由印第安人建立起来的各种各样的社区里去了。但我应该指出：墨西哥的文明和秘鲁的文明都是"混种的"文明，即由不同种的文明杂交而成的文明。所以我们尽可以把它们叫做"二级的文明"。与"二级的文明"成对照则是"一级的文明"，像印度的文明、中国的文明就是一级的文明。一级的文明是土生土长的，也就是由创造了一种文化的民族的史前尚未开化的远祖创造出来的。一级的文明能把它的史前尚未开化的远祖转化成为它的以农民为主体的那半个部分。可以肯定地说，像印度的文明或中国的文明，在被创立起来了之后是不断地受到来自于其他种类文明的强烈影响的，但是说到底仍然是这个国家的土生土长的文明岿然不动地站在那儿。这两个国家的农民始终是和它们各自土生土长的文明紧密地联系在一起的。

有一些拉丁美洲地域性的文化实际上是西班牙的大传统的残缺不全的表现，但另有一些拉丁美洲地域性的文化则实际上是被西班牙征服的那部分南美洲土著人所创造出来的大传统。可惜我没有机会去调研尤卡坦一带的那些村庄（**因为那些村庄的生活状态可以体现出南美洲土著人创**

造出的文明的一些方面），否则我就会认定那些村庄的文化是既渊源于西班牙天主教的大传统，又渊源于当年由寓居于尤卡坦各神龛城内的充当祭司和天文官的土著们所创立和推广的、但到今日却已不复存在的大传统。我做过调研的那些村落里的萨满教的神巫们一直在那儿鼓捣种种宗教道场、念经念咒。这些玩意儿究竟包含着什么意思我们一点也不懂。要弄清它们的意思唯一的办法就是让我们先弄懂在古代的切辰—易莎或库巴（**"切辰—易莎"**和**"库巴"是两个远在哥伦布发现美洲之前由古代的玛雅人建立起来的最大的城市**）城里举行的各种宗教仪式的含意以及当时在这两个城市里占主导地位的意识形态。在今天的玛雅人的村庄里还常有人在念一些神秘的咒语，我敢肯定地说：当今在念着这些咒语的印第安人对于它们确切含意的领会远逊于十六世纪初的玛雅祭司们。当一个人类学学者看到一种"二级的文明"开始涌现——特别是当一个外来的大传统侵入了一个土著人的大传统，前者虽取代了后者的大部分但仍留下了后者的一小部分而未加以彻底取代的情况下——的时候，他就会说："看，像这样的一种二级的文明涌现的情况就是'文化适应现象'还正在展开着的情况。"基德把这样的"二级的文明"的涌现叫做"一个外来的大传统砍了一个土著大传统的头"。他说：四百年前的西班牙人对印第安人的征服使欧洲的文明取代印第安土著的文明是"砍了土著文明的头"。他还说：这样的砍头也可以叫做"文化之被铲除"，也就是说，一个大传统被消除掉了。

下几个段落的大部分篇幅将用来讨论存在于旧世界里的各种"一级的文明"。如果一个人类学学者打算开展对各种属于"一级的文明"之下的农村的研究的话，那么他就是进入了历来都只是被历史学家和人文学学者所耕耘的领域了。因此，这个人类学学者若想也进入这个领域去做点事的话，那么他就只好经由后门去溜进这个领域里去了。什么是后门？他可以把对乡村的研究当后门，也可以把对小传统的研究当后门，也可以把对农夫和哲学家之间在好几百年里互动的研究当后门。但是他若想对"一级的文明"下的农村完全研究透的话，那么他的调查面就不能只局限于农村。他就得努力去查清在历史上所有"一级的文明"下的农村的大传统和小传统是如何互动的，他得去寻找那些能给他提供比较新的信息的源头。为此，他就必须去大量地阅读历史学家和研究艺术、文学、宗教的专家们写的有分量的著作。

但他也要注意到有些人文学学者和历史学家的主要和重要的著作并不一定都会对开展当今的农民生活的研究有用。前不久出版了一部优秀学术论文集。这个文集宣称其主题是"中国思想研究"①，并说所收集的论文都是记载中国的哲学家、诗人、伦理学家的深邃思辨的。等到你把这本论文集打

---

①   *Studies in Chinese Thought*, ed. Arthur F. Wright; Comparative Studies in Cultures and Civilizations, *ed. Robert Redfield and Wilson Singer* (*Chicago University of Chicago Press*, 1953).

开一看，你才发现它的内容几乎一点也没有论及在该文集全部论文所涉及的时间范围内中国农民的思想动态。该论文集为什么会是这样的呢？这个问题恐怕我们是无法回答的。但我们能知道的是：在今天，我们是有可能弄清楚当今的中国农民内心里究竟都在想些什么的。因为今天中国国内的政治情况可以让我们做到这一点。专注于研究印度的大传统的学者们所关心的首先是吠陀哲学思潮在印度为数不多的古代的和现代的具有深刻思想能力的思想家中间的发展状况。最近在英国出版了《奥义书》①（*Upanishads*，**它是吠檀多经典的最后部分**）的附有评注的英译本。写这个评注的人是用印度哲学家的视角——而不是用印度农民的视角——来观察事物的；虽说《奥义书》的内容本身倒是在间接地反映着农民们的生活的，因为该书的哲理乃是把在历史长河中流动的民间生活状况作为其素材来细加提炼而成的。但该书给人的直观的感觉丝毫也不会让人联想到该书是在间接地反映农民的生活。该书记录了一个生活在八世纪的古印度思想家商羯罗查尔雅（**系经院哲学家**）对吠陀经文的阐释。另外，该书中还专门细致地阐释了两个思想流派之间的差异。这两个思想流派分别是："二元论"和"非二元论"。这里说的"非二元论"实质上是已经经过了改变的"非二元论"。

　　不过，如果你是一个人类学学者而且正在对印度的农

---

① Swami Nikhlananda, *The Upanishads：A New Translation*（New York：Harper & Bros. , 1949）.

村进行研究，并因此需要去查阅一些有关印度哲学的著作，那么你会发现除了上面提到的有关印度的书籍外，另外一些有关印度哲学思想的出版物中（或者至少可以这样说：在另外一些有关印度哲学的书籍中的一些段落里），当你去阅读它们时，你会觉得似乎有一个历史学家兼人文学家从书页中走了出来和你交谈印度农村的情况。我前不久遇到了一个专门研究中国宗教的学者。在和他的谈话中我觉得他似乎对于每一种中国的宗教的教义里都混杂了很多其他宗教的教义这一事实感到很震撼，而且他对于在中国饱受教育的人士与中国的普通的农民之间在思想境界和为人处世的行为准则上存在着那么大的差异也深感惊讶。他对我说："不应该把在中国流行的宗教分为儒、佛、道三家。应当把存在于中国的宗教只分为两家，即'老百姓信的宗教'和'受过教育的人们信的宗教'这两家。像这样地分两家来划分中国人的宗教信仰才更符合中国的国情。"① 凡是听了他的这些话的人都不免会问：如果中国的宗教就只这两种，那么饱受教育的人们如何能把普通百姓的信仰加以提高使之转变为能接受前者的宗教信仰的呢？

---

① Wang-tsit Chan, *Religious Trends in Modern China*（New York：Columbia University press，1953），pp. 141ff。把中国的宗教和哲学这两者分别按世俗人的层次和专业学人团体的层次来进行区分的做法首先始于沃尔夫兰姆·易泊哈尔德。他是在发表于 *Archiv fur Religionswissenschaft* 杂志的第 XXXIII 卷第 3 期（1936 年）上的一篇评论性的文章（登在该期杂志的第 304—344 页上）里提出这种区分法的。在 *Southwestern Journal of Anthropology* 杂志的第 X 卷第 3 期（1954 年秋季）里的第 239 至 241 页上登有拉斐尔·帕提写的一篇题为《中东、远东的宗教和西方的文化》的文章，它专门分析中东的各种宗教。

还有，在中国，在既往的好几百年里曾出现过不知多少名流学者，难道中国的平民百姓竟能把他们以及他们的教诲全都转化成了世俗人的低级宗教信仰了吗？如果真会出现高档次的大传统在它一旦被扩散到了民间之后竟会被改造成了低档次的属于普通老百姓的小传统的附属部分的情况的话，那才真是让全世界都大开眼界了！

按说每一个大传统都会有它自己的一帮子导师级的大人物在的；不仅如此，他还会有它自己的一大帮子人文学的学者们在。这些人文学的学者们随时都准备好去向芸芸众生宣传该传统的那一帮子导师级的大人物们个个都是如何如何地了不得，还要宣传那一帮子导师级的大人物们的光辉教导是如何如何地搅动了世人的心的。拉格海凡（V. Raghavan①）就曾写过一本很有趣的书来描述印度的大传统的传播情况。他在书中详述了印度的一些风俗习惯和规章制度是如何有力地来保障吠陀经文所传播的教义和古印度的哲学家及宗教思想家留给后代的关于宗教和伦理方面的教导能有组织、有目的地在平民百姓中播扬开来的。拉格海凡在他书中还说到印度的一些经典名著。它们主要的经典名著就是古印度的一些史诗和"往世书"（Pu-

---

① V. Raghavan, "Adult Education in Ancient India", *Memoirs of the Madras Library Association* (1944), pp. 57—65; "Methods of Popular Religious Instruction, South India", MS; "Variety and Integrtion in the Pattern of indian Culture", MS.

rana)①，写作这些史诗和"往世书"的动机是为了明明白白地把吠陀经文的义理传给世俗大众。"每逢举行供奉牺牲的大型聚会，会有大批的信众在聚会上结集，便有一帮子朗诵者到场来给到会的人们朗读若干篇史诗的序言。"拉格海凡说："古印度的文化之所以会传入柬埔寨和亚洲的其他地方都是因为古印度的皇室出资来雇佣这些朗诵者去到皇室在各地建造的庙宇里去朗诵这些印度史诗的结果。"拉格海凡在他的书中说到南印度时详细地列出了印度皇室和宗教的宣讲师们处心积虑地、连续很多代人不间断地为朗诵者筹足款项，以便他们可以到处出场并使用日常通俗的语言来向大众宣讲古印度的史诗，特别是那首题为《罗摩衍那》②的印度教史诗。这些史诗里的情节故事不仅在被朗诵的过程中能被听众所知晓和熟悉，而且还被编成赞美诗的形式交由"歌咏的圣者"去唱；这些人则旅行到全国各地去唱这些赞美诗。这些赞美诗都是用梵文书写成的，它们就这样把印度的大传统往下输送到平民大众中去，流入到广大的乡村里去；以至于一直流传到今天的印度全境。当年，拉格海凡在他的书里写道："简直没有一天你会听不到那些非常有天赋的巡回歌圣们的声音，他

① 《往世书》（Puranas）是古天竺吠陀经文的一部分，其内容是专门歌颂各种神的诗篇。——译者注

② 《罗摩衍那》（Ramayana）是尼泊尔和印度的伟大史诗之一；特别是被印度人推为古印度的两首最伟大的史诗之一。该史诗的主要内容是阐述人与人之间的正确的关系和彼此的责任和义务。该诗共有24,000行，分为七章。——译者注

们有的是坐在庙宇里、玛莎寺①里、公用的礼堂里，或住宅的大门前；这些'歌咏的圣者'用他们的甜美歌喉唱那些赞美诗来向成百上千的听众宣讲：罗摩是如何使用他所拥戴的'宇宙法规'（Dharma）来收拾他的对手——拉瓦那②，以及后者如何由于循'反宇宙法规'而行，最终导致了了自己的灭亡"。③

　　有一本著作的内容是专门讨论伊斯兰教的教义与已经伊斯兰民族化了的地方性文化之间的关系的。这本书也体现出了人文学者们对于政治的或宗教的等级制组织的文化及世俗人们的文化之间存在的关系的潜心关怀的程度。该书的作者是盖伦波姆教授（Professor G. von Grunebaum）。他在该书的首章里提出了若干种前人所未曾尝试过的方法来表述伊斯兰的大传统与地方性的小传统之间的冲突、共处和互动的关系。下面是他在该书之外另写的一段话："这就意味着：在这两种表述模式中，有一种是被公认为更先进些的。有人认为使用更先进的表述模式会让被表述的内容显得有权威性。精英层的人们不论是写文章还是采取什么行动几乎全都有意地要带出这种权威劲来。你要想在社会上捞到威信，那么你就不得不踩着这个路子走。在世界各地的伊斯兰教徒的聚居区里，在通常的情况下，伊

---

　　① 玛莎寺（mutt 或 matha）是印度古代的一种特殊的寺庙。——译者注
　　② 拉瓦那（Ravana）是魔王和罗摩的敌手。——译者注
　　③ Raghavan, "Methods of Popular Religious Instruction, South India", MS.

斯兰的模式都是居于大传统的地位上的。与大传统的地位
形成鲜明对比的则是该地区的小传统的地位；因为在伊斯
兰教徒的聚居区里，小传统就犹如由隐于民间的一支小暗
流偷偷形成的一个小水坑。尽管知识界的人们能觉察到这
样小水坑的一小点能耐，但是官方的喉舌只会是断然否认
这样小水坑的存在的；即便承认它的存在，那也要把它描
写成为连狗屁都不如的玩意儿。由大传统而衍生出来的种
种虚拟性的命题都会被当局吹嘘成颠扑不破的真理，然而
凡是由小传统推导出的设想则全会被当局斥之为对鬼神的
迷信。事实上一个人的社会地位大概就全仰赖着他自己决
定卖身投靠到这两种传统中的哪一种上。"①

　　盖伦波姆教授在他的书中指出：这两个传统是会相互
调节的。伊斯兰的经师们尽管把民间的小传统斥为无知无
识的愚氓们的糊涂迷信，但有的时候他们也不得不容忍某
些地方的民众们自行设定一些顶礼膜拜的仪式，尽管这些
经师们在心里把那些仪式斥之为异端邪行。在当年，萨拉
丁②把一个基督教的十字架送到了巴格达，这曾一时引起
了朝野的愤慨，但过了一段时间之后，人们却改变了态度

---

　　① 　G. von Grunebaum，"The Problem：Unity in Diversity"，in *Unity and Variety in Muslim Civilization*，ed. G. von Grunebaum（Chicago University of Chicago press，1955），p. 28.

　　② 　萨拉丁（Saladin）1137—1193，系埃及和叙利亚的第一任苏丹，并
为爱雾比德王朝的创始人。在利文特（Levent，它是伊斯坦布尔的一个部分）
指挥伊斯兰骑兵击退了东征的十字军。在他的权力最鼎盛的时候他的苏丹国
的版图包括：埃及、叙利亚、美索不达米亚、也门以及北非的一部分。——
译者注

而对它倍加敬重了。在土耳其和叙利亚，官方甚至允许回教徒们在平时说话中呼喊基督教圣人的名字。盖伦波姆教授在他的书中写道："官方的伊斯兰教组织的一些讲经师会想方设法把《古兰经》中某些不对小传统十分排斥的经文段落加以发挥宣扬，企图通过这样的途径来使小传统以及由小传统而衍生出来的种种地方性的宗教祷告膜拜仪式能为正统的伊斯兰教派所接受。有些先知们带头这么做，目的在于赋予某些异教徒的前往圣地朝圣之旅以伊斯兰的宗教色彩，因为唯有这么做才能使异教徒自发的朝圣之旅和伊斯兰教正统的麦加朝圣活动一体化起来。"所谓的"在圣人崇拜的正统框架内进行（使小传统向大传统的归并的）合理化运动的方案的实施就能很好地说明地方文化是如何在向大传统融合靠拢的。"[1]

伊斯兰教的教义原是发自于地方性的文化，但是当这个宗教传入了波斯和印度之后，它就变成为一种二级的文明了。梵语学家和汉学家在他们的研究中所关心的是发生在比伊斯兰文化古老得多和复杂得多的那些大传统之间的互动关系。那些大传统本是从原始的思潮和原始的宗教活动慢慢发展起来的；然后它们自行分化，又经历了不少的变异以及人们对它们的重新表述之后才演绎成了他们后来所具有的形态。那些大传统在它们各自进化的过程中一直在影响着它们各自的社会，同时也一直被数以千百万计的

---

[1]　*Ibid.*，pp. 28—29.

小小老百姓的思想和行动影响着。梵语学家和汉学家们一直在记录着他们各自国家的文明内的两股文化之间产生的一切关系；但是当他们在记录这些关系时，他们总是持精英层的视角来观察问题的。也就是说：他们总是站在大传统的立场上来观察问题的。拉格海凡把吠陀学问送进了乡村里去了。盖伦波姆教授则拼命去钻研伊斯兰教思想家们和宣讲师们写下的著作；然后他自己也写出书来专门讲述伊斯兰教思想家们和宣讲师们曾经如何艰苦卓绝地和各种地方性的和世俗性的文化进行了斗争以捍卫大传统。当拉格海凡和盖伦波姆在做着他们的研究工作的时候，他们都曾经深入乡村和直接接触到农民。但是到了今天，深入乡村和接触农民的是些什么样的学者呢？他们都是些学养很不足的人类学学者，但更让人感到不安的是，这样的一些学者根本认识不到这样一个事实：不论一种宗教的教义的发展成熟曾经历过了多么漫长的年代，但它若想在人世间站得住脚的话，它都必须在村民那儿找到它自己的最后归宿。一个人类学学者如果立志要肩负起他所应担当的研究任务的话，他就必须不仅在哲学知识方面有着高深的素养，而且他还要熟悉各种优秀思想家的学说。不仅如此，他还应该有锐利的眼光，能看出在村民们身上体现出来的优秀思想家的思想的痕迹、脉络和具有典型意义的轮廓。他应该有这样一种热切的期望，即：他可以独自一人在不受任何外来干扰的情况下深入到一个有独立自主的文化的社区里去。这样的一个社区本身就是个完整独立的世界，而当他进入了这个独立完整的世界之后，他就是这个世界的唯一的一个学生。但是当他在那儿要着手对农民进行研究时，他就应该自动地担负起一项责任。什么责任呢？这里，在列出他的责任之前必须先说明一个情况：在上面提到的那样的一个有其独立自主文化的社区里必然会存在着一个复合性的文化结构，这个文化结构里就包含着一个大文化和一个小文化。在以往，这两种文化一直是在互动着的，而且直到今天这两者仍然在互动着。这个人类学的学者就应该协同历史—人文学学家共同承担起研究该社区的两种文化的责任——这就是他的责任。他和历史—人文学学家都不妨把他们各自所潜心研究的文明看成是大传统和小传统之间发生的旷日持久但又具有特色的、而且总是不断在变化着的互动现象。如果你愿意这样地来界定文明的内容的话，你就会认识到"文明"的全部内容就是"把思想用行动和象征表现出来"。文明之所以复杂乃在于它包含有很多层次和很多组成部分。不同种类的人们各自分别侧重于推行着属于该种类的人们的那一部分的（或那一层次的）文明。从表面上看起来，不同种类的人们似乎都同样地在活着，但其实他们各自的活法是大不相同的，而且他们各自的生活地点和条件也是大不相同的。他们或是活在城市里，或在农村里，或神龛中心里，或寺庙里，或修道院里，等等。刚才提到文明有很多层次和很多组成部分。文明的一个这样的层次，或组成部分，并不等同于一种地方性的文化，而且是截然有别于某种专门从事于世俗世界里职业的群体所特有的那种亚文化的。为什么说文明的一个层次或一个组成部分有别于一种亚文化呢？这是因为一个大传统所包含的全部知识性的内容都实际上是脱胎于小传统的。一个大传统一旦发展成熟之后倒变成了一个典范了；于是这么一个典范便被当局拿出来推广，让所有跟随着小传统走的人们都来向这么个典范学习。其实大传统和小传统是彼此互为表里的，各自是对方的一个侧面。跟随着低层次的文化走的人们和跟随着高层次文化走的人们是有着相同的高低标准和是非标准的。

如果把两种传统分别看成是一种基本价值观，或看成是一种普世价值的话，我们就会意识到它们俩彼此是很相似的，但显然又是有所不同的。即便是像我这样一个对印度知之甚少的人都知道：跟随印度的小传统走的人们——**就他们这些人的总体的意识观念来说**——在世界观上是崇尚多神论、信仰魔法而不重哲学思维的。但是在另一方面，我们也看到伟大的吠陀传统已经分出了很多的支脉，每一支脉都分别有其特定的在智慧层面上的和伦理层面上的侧重点。其实所有流派的吠陀传统都容易转而接受多神论的思维和采用诗歌般的表达方式。至于《奥义书》（它是吠陀经书的结束部分），它在义理上却是十分抽象的，而且是坚守一神论的立场的，甚至在某种程度上有无神论的倾向。但我们应看到有两个在印度的重要的教派，一个是毗湿奴教，另一个是湿婆教；这两者都是有神论而且重道德的。在世界上的其他国家里传统发展的情况与印度的传统的发展情况形成鲜明的对照。就举在中国存在的一个大传统为例吧。"尽管道教是中国民间的一种有组织的宗教，但我们不妨可以把道教作为一种哲学思想来和印度大传统里的哲学思想进行比较。……我们知道，当道教是作为哲学思想时，它追求的目标是说服人类去顺应自然。但是当道教是作为宗教时，它追求的目标是通过应用神异的手段来获取长生不老；换句话说，那是想让人类取得对自然力的控制权。同样，道教的哲学的实质是坚决反对容忍神之力来控制人之事的。道教在宇宙观上只接受众多的具有人的形象的神来统御这个宇宙。"[①]

　　如果我们愿意认可在上面两段里所阐述的关于世界上的几种文明之间的关系和几种大传统之间的关系的观念的话，那么我们就应该设法改进人类学学者和历史—人文学者之间的联系和沟通；只有这样才会使后者更深刻全面地理解他所正在对之进行深刻研究的某一种思想与在该思想指导下那种文明主导人们生活的全貌之间的一切关系。也只有这样才会使前者能更确切地描述大传统所蕴涵的意识形态是如何来影响他正在对之进行研究的那个社区里的人们的生活方式，以及那个社区里的人们的生活方式又如何反过来影响大传统所蕴涵的意识形态。如何来为历史—人文学学者对一个大传统进行研究而设计出一个合适的研

[①]　Derkbode, "Harmony and Conflict in Chinese Philosophy", in *Studies in Chinese Thought*, ed. Arthur F. Wright (Chicago University of Chicago Press, 1953), p. 79, n. 46.

究方案以及如何来具体地执行它，这是一个命题；而如何来为人类学学者对一个大传统进行研究而设计出一个合适的研究方案以及如何来具体地执行它，这是另一个命题。这两个命题的内容当然是大不相同的。不过这两个命题是有着紧密的内在联系的。它们之间的内在联系不但可以清晰地加以厘清，而且还要部分地使之强化。对一个人类学学者来说，他应该下苦功去阅读历史学家的以及研究艺术和文学的专家们的有关著作。作为一个专攻主流文化的研究工作者来说，他应当去阅读的与他的研究主题有直接关系的书籍和资料通常都是堆得像一座山那样高，而且还不只是这些。有许多他应阅读的资料不是用文字来书写的。比如关于古天竺人的世界观的资料吧，那就不是用文字写下来的；它是用庙宇的建筑体现出来的，当然也有以哲学典籍的形式保存到后世的。① 一个人类学学者在进行研究的时候要特别提醒自己时时注意举一反三，触类旁通②。他应该学会把大传统里的一些元素与普通老百姓的生活联系起来；也就是说，与他所耳闻目睹的、原原本本的平头百姓现实生活联系起来。

　　只要一个人类学学者肯去做文字资料的研讨和对现实生活进行观察，他就会发现，凡是现实生活的实际情况能

---

　　① Stella Kramkrisch, *The Art of India through the Ages* (London: Phaidon Press, Ltd., 1954).

　　② 是密尔敦·辛格启发了我，使我着手对这两种门类的研究进行这样的比较分析。

典型地体现出文字资料精神的地方，就是真理得到了印证的地方。《罗摩衍那》的文字虽然古老，但它对今天的印度的农村却还在产生着重大的影响。《罗摩衍那》取材于口头的传说，由某个诗人用梵文把它写成了诗的形式——据说这个诗人的名字是蚁蛭——以后这部史诗就成了印度大传统的一个组成部分。从九世纪到十六世纪，这首诗被译成了很多种印度的方言版本。

　　当一个人类学学者对一个孤立的、原始型的社区展开研究的时候，他的全部调研范围就是该社区和当地有直接关系的地方性文化。如果他要对一个农村的社区以及它的文化展开研究的话，那么他的调研范围就要扩大到与该农村社区的当地的地方性文化直接起着互动作用的大传统中的某些元素。如果这个人类学学者对于在有关的大传统和小传统发生互动的过程中产生的新的变化（**也就是所谓的"历时的语言学的研究"**）产生兴趣的话，那么他就可以对于大传统和小传统之间的相互交流和沟通的状态展开调研，还可以对于由于这两者的相互交流和沟通而已对或将要对它们自己产生的后果进行研究。如果他意识到他正在调研的那个农村是个能长期持续存在和发展的村庄的话，那么他不妨对它展开"共时性的研究"。（但必须把共时性的时限限制在三代人这一范围内，这是因为人们认为：所有能支持这个体系持续地存在的循环性的变化在三代人的这个时限的范围内肯定都会一一出现的。）如果他要展开"共时性的研究"的话，那么他就应该把大传统向乡村输出的持续性的，以及可期待性的沟通信息也纳入到他的调查和分析工作的范围之内。这是因为由大传统向乡村输出的持续性的以及可期待性的沟通信息对于保证农民的文化的持续存在是不可或缺的。但是，如何具体地去做这些调查和分析工作还是有待人们去摸索的。

尽管曾经有人发表过一些著作来介绍农民社区的状况，并且在这些著作中谈到了某些农民社区的当地宗教信仰和宗教仪式在哪些具体的方面与该农民社区保持着沟通关系——**当然这种沟通的关系是靠一些祭司、教师，以及人员的相互来往来实现的**——的更高一层的宗教文化实体的宗教信仰，宗教仪式是相同的或是相异的。[①] 但是关于如何来报导这些方面的情况才更得体、更客观全面，那还是很值得商榷的。我的建议是：现在正在印度进行调研工作的所有人类学学者们都可以在他们的工作过程中考虑和酝酿出关于报导印度农村社区的状况的合理的工作程序。大的（也就是梵文的）传统和社区的地方性的生活方式总是非常显眼的，但是，全世界上只有在印度才会有那种既是坚持着传统又是不断地变换着方式的互动关系的存在。也只是在印度才会出现，最有深刻洞察力和最开化的思想家的教诲性的言论可以公然地在节庆的日子里、在盛大的仪式里，甚至于在农民的思想意识里出现。也只有在印度

---

① Norvin hein, "The Ram Lila", *The Illustrated Weekly of India*, October 22, 1950, pp. 18—19. （这是由麦克金·迈里奥特提供的。）

才会出现这样的情况：一个人的社会地位（**以种姓的方式表现出来**）是与种姓制度按照梵文经典里的规定来为他确定的他可以参加的仪式的等级以及他可以对生活怀抱的目标紧密地联系在一起的。斯利尼瓦斯教授曾对我们谈起过关于库尔格人的一些民风民俗。[①] 库尔格族人都是些村民，但他们颇不遵守讲梵语的印度人的风俗习惯，而且在某种程度上有意识地恪守古天竺的一些习俗传统。他们把自己看成是刹帝利，也就是说他们把自己看成是属于武士种姓中的人；他们对印度教的信仰虔诚到了这样的程度以至于这个族人中已有四个人已经成了"桑雅士"[②]。所谓"桑雅士"乃是全心全意皈依印度教的圣者，彻头彻尾地奉行印度高传统的一切信条。库尔格族人在印度严格的等级社会里占有很高的社会地位。迄今为止印度的高传统对于底层的和被边缘化了的社会阶层的文化的深入感化力仍是非常强的。

近若干年来有不少的西方的人类学学者专门到印度来研究印度的乡村，因为这些乡村是处在印度教、回教、和西方文明这三者包围的环境之下。近期来已启动的一个研究项目取得了一些进展，为如何对在印度教高层次文化与印度的乡村文化之间发生的相互影响的后果进行分析和研究的问题提供了一系列的基本观念和工作方法及途径。这

---

① M. N. Srinivas, *Reigion and Society among the Coorgs of South india* (Oxford: Clarendon Press, 1952).

② 桑雅士（sannyasis）在梵文里的意思是"遁世之士"。——译者注

些进展都陈述在麦克金·迈里奥特发表的一篇论文里。①
该论文采取历时研究模式作为它的基本视角。该论文的作
者在处理它的中心内容时不仅是从社会关系的角度而且也
是从文化影响的角度来进行阐释的。作者在印度的乌塔
尔·菩拉德西地方的吉山加希村庄里进行他的调研。这个
村庄里的人所遵奉的宗教信仰有着多元的成分；它既包含
着梵语区高层次传统的成分，也包含着当地的地方文化的
成分。这两类成分已在历史发展的过程中被相互调节和融
合得完全成为一体了。在麦克金·迈里奥特看来，这个村
庄里村民的宗教信仰"是明显的多元成分在形式上的堆垒
和变异，但从表面上看起来则既非使被堆垒或被变异的成
分相互取代也非使它们相互理性化"。该村子在每一年中
要过十九个节日。其中的十五个节日是完全按照全印度都
接受的梵语经典上的规定来过。但该村的其余四个节日就
完全不合乎全印度都接受的梵语经典上的规定来过。至于
那十五个完全按照全印度都接受的梵语经典上的规定来过
的节日，其全部节日的活动规模在该村的全年的节日活动
规模的总和中只占很小的比例。此外，还有很多的乡村则
有意地模糊或混杂许多合乎全印度都接受的梵语经典上规
定的节日的经典含义，为的是它们可以按它们自行设想的
节日的过法来过节。甚至有些村庄在庆祝原是最正统的

---

① McKim marriot, "Little Communities in an Indigenous Civilization", in *Village India*, pp. 172—222.

合乎全印度都接受的梵语经典上规定的节日的过程中，却公然展现出种种明明白白是当地的农民按照当地的习俗自行安排的礼拜仪式。

像这种在宗教信仰上的多元合并融合的现象对于那些专门研究异教和基督教关系的学者们来说，或者对于伊斯兰教和北非各地地方性的宗教性信仰之间的关系的学者们来说，那是一点也不陌生的。麦克金·迈里奥特提出的主张是：学者们在研究中应该把小传统和大传统之间的双向的互动理解成为两个互补性的进程。他是这样来解释为什么应当这样地来理解这样的双向互动的：这是因为即便是印度大传统的统领其宗教意识走向的大人物们也是会受到民间的小传统的影响的。在像这样的大人物受到了小传统的影响的事情发生之后，人们便会把小传统的某些信仰元素和小传统的某些具体的宗教实践融汇到他们往后做的对印度教正统教义的阐释性的讲话或著作中去。这样一来他们就把小传统的某些信仰元素和小传统的某些具体的宗教实践普及到正统印度教的信众中去了。因此说，应该把小传统和大传统之间的双向的互动理解成为两个具有互补性影响的发生过程。关于我要在下面叙述的一件事，麦克金·迈里奥特曾说它就是一个小传统的一些信仰元素和小传统的某些具体的宗教实践被大传统的统领其宗教意识走向的大人物们普及到正统印度教的信众中去的实例。但是麦克金·迈里奥特凭什么认为我要在下面叙述的一件事是一个小传统的一些信仰元素和小传统的某些具体的宗教实践被大传统的统领其宗教意识走向的大人物们普及到正统印度教的信众中去的实例？对此麦克金·迈里奥特却始终提供不出一个像样的说法。① 在这方面他所能做的就只是说了下面的几句话，他说："正统印度教里的吉祥天女拉克斯蜜实际上是脱胎于小传统的几位神的混合形象；而这几位小传统的神的画像在我做调研的那个村庄里农民家里的墙上都是有的，而且有些农民家里还有用粪土塑造的这些神的像。不仅如此，在正统的印度教里所宣讲的关于吉祥天女的神性和法力的种种说法和小传统里关于几位神的神性和法力的种种说法简直就是大同小异的；甚至于有些村庄里的老百姓干脆就把这几个神和吉祥天女拉克斯蜜完全等同起来。"此外，麦克金·迈里奥特还谈到他所调研的那个村子里的农民要过一个纪念动物的节日。在那个节日里农家的家庭主妇们要返回到她们各自娘家所在的村庄里去，为的是看望各自的亲兄弟们。看望完自己的亲兄弟之后，在临与他们分手之时要把一些大麦穗的茎和叶撒到兄弟的头上和耳朵上以示自己对他们依恋、不舍之情；而兄弟们也回报她们一些小硬币以作纪念。麦克金·迈里奥

---

① 我非常感谢麦克金·迈里奥特先生；因为他为我提供了关于拉克思蜜是在比较晚的时候才进入了大传统的结论，以及关于她是从印度的民间文化的领域转入到大传统里去的结论的非常有说服力的证据。他给我提供的证据都是引自里斯·戴维斯，雷诺，以及菲利奥扎提等人的原话的。看来在早期的吠陀的文献中确实没有提到这个女神的名字。她的早期的塑像都是摆在本拟留下摆放一般的神灵雕像的地方；而且看来佛教的典籍确实对于婆罗门教那种乱七八糟的、逆吠陀教义的祭拜仪式（比如，对拉克思蜜的膜拜等等）是颇有非议的。

特说：像这样的一种过一个纪念动物的节日的方式在《往世书》里便有记载，而《往世书》则是印度教的圣典之一。不过在《往世书》里还有些如下的添加内容：在这一天，村庄的所有祭司要分别走到各自所分管的农家里去，把系有五色彩带的避邪物拴到农家主人的手腕上，然后农家主人就把一些钱财塞进这些婆罗门的手里。到底是民间先有了这些如何过一个纪念动物的节日的方式，然后有人把这个方式记录进《往世书》里去的呢？还是先有《往世书》里关于一个纪念动物的节日的记载，然后村里的百姓才照着《往世书》里的记载来过一个纪念动物的节日的呢？这是谁也弄不清楚的。不过麦克金·迈里奥特倾向于民间先有了这些如何过一个纪念动物的节日的方式，然后有人把这个方式记录进《往世书》里去，而且认为这就是一个小传统的一些信仰元素和小传统的某些具体的宗教实践被大传统的统领其宗教意识走向的大人物们普及到正统印度教的信众中去的实例。

与这种"一个小传统的一些信仰元素和小传统的某些具体的宗教实践被大传统的统领其宗教意识走向的大人物们普及到正统印度教的信众中去"的现象正相反的则是**"村民们把一些梵语印度教的教义元素和宗教仪式改造成了他们地方性迷信膜拜的一部分"**。麦克金·迈里奥特把这一现象叫做"地域化"（parochialization）。举一个例子说吧：按照梵语经典的大传统的说法，天上有一个圣者。婆罗门的长老们一直把这个圣者等同于天上的太白金星。在既往时期，有一个村庄里的民众在庄里竖立起了一块大石头作为这个天上圣者的象征。自从树立起了这块大石头之后，凡是村里有年轻人结婚，新娘都要被带到这块石头的前面同她的新郎共同朝拜这块大石头。就这样这个风俗在这个村子里流传了千百年。到后来，村子里的后代人由于根本就不知道这块大石头的真实来历就自作主张地把这块大石头设想为某些婆罗门的祖先们的灵魂的栖息的神龛，但后代人是想不到当初树立这块大石头是为了让它作为那个天上圣者的代表的。这就是一个"**村民们把一些梵语印度教的教义元素和宗教仪式改造成了他们地方性迷信膜拜的一部分**"的具体实例，也就是麦克金·迈里奥特称之为"地域化"的现象。再举一个"地域化"的实例：按照梵语经典的大传统的规定，为了供奉万神殿里的大女神，每年必须在连续九天的夜里举行庆祝活动。按大传统的规定：这连续九夜的庆祝活动里只允许供奉万神殿里的大女神，而不许供奉任何别的神。可是麦克金·迈里奥特蹲点做调研的吉山加希村庄里的百姓在这连续九夜的庆祝中却擅自决定把对一个名叫诺尔莎的女神的膜拜仪式也包括进到这连续九夜的庆祝活动中来。因此在这个村子里，在这九天的清晨和傍晚，全村的妇女和儿童都来朝拜诺尔莎女神；其仪式是：妇女和儿童都下河去洗澡、唱歌，并拿黏土捏成小神像。其实印度教的大传统里根本就没有提到有诺尔莎女神的存在。①

　　由于印度的文明里存在着大传统和小传统相互影响，也相互补充着彼此的发展演变，这就使得人类学的学者们为了开展对印度文明的研究也就不得不开展对印度的这两个传统的互动情况的研究。每当我想到这一点，我就很感到受鼓舞。在写我的这本书的时候，我的心里还一直在惦着印度，因为那儿积累有太多太多的非常有趣的资料。我现在想说的是：我们应当更侧重于从阐释文化的嬗变的角度和从社会学的角度来观察印度文明中两个传统的互动现象。麦克金·迈里奥特的研究思路是侧重于从阐释文化的嬗变的角度来研究两个传统的互动的现象；密尔顿·辛格在他的一篇从印度发出的文章中谈到了他感触很深的一点体会，他说："如果你想淋漓尽致地向世界介绍印度的文化的话，那么你就首先必须明白'文化媒体'（cultural media）在印度文化中的中重要地位。"他所说的"文化媒体"就指的是：歌、舞、戏剧、节日活动、各种仪式、朗诵和宣读、供奉牺牲的祷告，等等。在印度，不同种类的文化媒体常常相互结合起来进行演出，其相互结合方式之

---

　　①　麦克金·迈里奥特曾对我说过：在吉山加希那个地方受过较良好教育的村民在对待大传统和小传统的态度上总是立场特别鲜明的。在他们看来崇奉小传统乃是愚昧至极的举动。这种村民们认为：只有那些未受过任何教育的愚昧村民才会对小传统十分感兴趣，因为凡是崇奉小传统的人都只是在做着各种没有意义的、胡乱地动动肢体的顶礼膜拜行动，而不涉及人的思想。受过较良好教育的村民们认为自己是在总体上尊奉大传统的，因为大传统代表着思忖、理论和纯粹的知识；这种知识能让人感到充实和满足，在他们看来大传统还代表着秩序、精确和抽象思维。

巧妙令密尔顿·辛格叹为观止。他感慨系之地说道："印度人，我是说全印度人，都一定是觉得他们的文化是包装在一个非常特殊的文化形式的里面的。这种非常特殊的文化形式在平时是无形的，看不见的。只有当他们向外国人或是向他们自己做'文艺演出'的时候①这种非常特殊的文化形式才变成有形的和看得见的。"所以，外国人就难免产生好奇心，想去探索一下高传统的一些元素是如何经由这些非常特殊的文化形式而被植入到农村居民的思想意识里去的；还想探索一下高传统的一些元素在被植入到低传统的过程中是怎么被改了头换了面的。外国人不仅想探索这些，他们还想探索在高传统的元素向低传统移植的过程中是否有什么特殊的"文化机构或文化规章制度"在起着催化剂的作用，有哪些人员在哪些特殊的"文化机构"中工作着，那些特殊的文化规章制度又是如何被落实的？这些都是外国人想弄清楚的问题。麦克金·迈里奥特说得很对，一个研究人员，如果是身在印度的话，就完全可以通过对一个寺庙所设的各个接待朝拜者的点的调查来了解该寺庙本身，或通过对它在国内的许多地区所设立的佛龛之一的调查来了解该寺庙本身。（这些佛龛里供奉的都是在神祇位置的分类上介于大传统和小传统之间的神祇，这样的一个两极都不靠的神祇可能是大传统中的某个被地方化了的佛的一种形象，但也可能是小传统中的某个被普及

---

① 都是些私人间的通信往来。

化了的神祇。）我是这样想的：一个社区，哪怕其规模不很大，但只要在它的范围内设有正规的施行宗教教育的机构，那么在这样的宗教教育的机构里总是可以学到有关如何对传统进行社会干预的知识的。

伊斯兰教所主张的传播其教义的路线是：要让全部信徒经受训练以使他们能绝对效忠于记录于单一的一本经书里的终极的和完美无缺的预言。然而印度教所主张的传播其教义的路线却是：利用形式多样的象征性的表述方式来把该教所崇奉的真理的各个侧面表达出来。从我曾浏览过的资料①中我获得了如下的一个印象：马格里布的摩洛哥部分即便是到了今天还仍然存在有一种古老的但在结构上已略微起了些变化的伊斯兰神圣传统。据拉·突尔鲁教授说：在伊斯兰教的世界里，一本在十六世纪写出来的书和一本在二十世纪写出来的书，这两者在表面上看起来是没有什么差别的；因为在这两个世纪里，报纸都还没有在伊斯兰世界里出现；而且在这两个世纪里的伊斯兰世界里，都只有社会的精英阶层才有资格掌握知识。可是在这两个世纪的伊斯兰世界里，社会的精英阶层除了关心如何来诠释伊斯兰教的正统教义之外，他们什么也不做。古兰经的宣讲师们以及被地方上的政府雇来做些小差事的下等衙役们成天到晚就只在那里想法往乡村里的农民的头脑里灌输古兰经的正统教义。这种类型的下等衙役们都是先被送到

①　Roger Le Tourneau, "The Muslim Town: Religion and Culture", MS.

小城市里的清真寺办的培训班去受训，然后从受过训的衙役们中挑选出若干人送进清真寺去学习穆斯林法律或者学阿拉伯语的语法，最后再从在清真寺学习时成绩最好的人中挑选少数几个最拔尖的到非斯（在摩洛哥）或者突尼斯去上穆斯林的大学。

在印度的情况是这样的：一个种姓里的任何一个人都可以去上该种姓自己办的一种学校，这种学校是专门培养为本种姓记录历史和家族系谱的人才。被培养的人在学成之后就获得了"亚种姓"的身份。但是一个印度人也可以进入一个专门培养文艺人才的学校。这种学校是专门培养演员和歌手的。他们在这种学校里学会演唱像《罗摩衍那》或《摩诃婆罗多》①②。这两类的亚种姓的成员多是自行结合成为团体。他们的排练和演出的过程也就是他们使大传统和小传统产生互动的过程。看来在印度，传统的结构是非常复杂的，而且每一种传统都拥有它自己的一大帮各色各样的专门人才。他们的活动通常都由各个种姓自行来组织。他们活动的目的就是把大传统的某些元素输送进小传统里去。密尔顿·辛格说他在马德拉斯就遇到过三大群（每群的人数都较多）归在梵语麾下的、与演出的事业

---

① 《摩诃婆罗多》是印度的两首最伟大的史诗之一，全诗约 100，000 行。其文字是梵文；产生年代大约是公元前 300 年。另一最伟大的史诗是《罗摩衍那》。—译者注

② Shamrao Hivale, *The Pardhans of the Upper Narbada Valley*（London：Oxford University press，1946）.

相结合的专业人才。其中的第一群是祭司们，他们的职责是负责主持寺庙里的和住家户家中的一切宗教仪式；其中的第二群包含有歌手、朗诵者、舞蹈演员，他们的职责是传播通俗的《往世书》文化；其中的第三群是由梵语的专家和学者组成的，他们的职责是向平民百姓传授梵语学问的各个分支的知识。

我们现在把注意力转移到为复合型的农村设计出一种持久性的社会关系以及社会结构的一个部分上。那么，所谓的持久性的社会关系究竟有哪些种类呢？他们可以是穆斯林宣讲师和他们的学生们之间的关系，可以是婆罗门祭司和俗家人们之间的关系，还可以是中国学者和中国农民之间的关系——总而言之，凡是由有关的双方形成的沟通的状态会对促使大传统把它的一些文化元素输向农民一方起到重大作用的关系，都是值得我们向之转移我们的注意力的。还有，凡是能促使农民的传统在不知不觉的状态下去影响大学问家们，使后者开始考虑重新估价他们一向所崇奉的某些原则的那些关系也同样是值得我们向之转移我们的注意力的。上述的那两类值得我们向之转移我们的注意力的关系就构成了印度文化的社会结构，也就是印度传统自身的结构。站在刚在上面阐述过的论点的立场上来考察文明的话，我们就会发现文明实际上是一个由专家们组成的组织，也是一个由各式各样的角色扮演者组成的组织。一个角色扮演者和另一个角色扮演者之间要保持着一种别具特色的关系，而一个角色扮演者和一个普通人之间也保持着一种别具特色的关系。所有有关的人都在履行着与传统之传递有关联的使命。

　一说起"社会组织工作"这个词就常会使人设想它的意思是指在特定的时间和特定的地点从事某种具体的活动。所谓"社会组织工作"指的就是人们把一些动作的元素按照一定的方式和方法放到了一起，其目的是为了做成一件他们想做成的事情。所谓"社会结构"指的是某一事物的长久存在着的一种总的特征，它是一种具有着典型性的模型。当在某种情况下我们遇到了困难或与某一方面产生了冲突，这时我们就要做出选择和决定来解决困难或平息冲突，而且我们需要向有关的方面解释我们为什么要做出这样的（而不是那样的）选择来解决困难，或为什么要采取这样的（而不是那样的）手段来平息冲突。当着我们在做着这样的解释的时候也正是我们在描绘着社会组织工作的时候。因此我完全可以在这里提醒我的读者们：请不要把本章的标题的含意扩大化。我还要请他们把本章的标题里的"社会组织工作"的含意只理解为"为在某种情况下实现传统的传输，需要把动作的各种元素都聚拢到一起来；为聚拢这些元素而采用的方式或方法就是'社会组织工作'"。所以，如果现在我们是去调查一个保守的伊斯兰教的学校是如何来制订出它的一年中的授课日实施方案的，或是去调查在印度的一个社区里拉姆利拉节的庆祝活动是如何组织成功的，或者是去调查农民们和知识渊博的专家们是如何从头到尾进行合作的，他们合作得是否很好；或者是当戏台上在演着这个圣戏的情节，戏台的一侧便有朗诵者朗诵着高传统的圣书来配合演出。有时当坐在观众席上的富有学养的先生看到某个情节似乎演得还不够到位，因而希望演员加力的时候，很可能坐在席上的来自村里的世俗观众却认为演得恰到好处。如果真的在观众中出现了这样的分歧，那么在观众中的两派之间就会出现相互调整的需要。对于这一类的"社会组织工作"进行关注是件很引人入胜的事情。在我既往的调研工作中。我就曾多次错过了去研究围绕着大传统和小传统而做的各种各样的涉及到多个社会阶层的组织工作。特别是其中的一次让我一回想起来就觉得很可惜。那一次的事情是发生在危地马拉的一个印第安人的社区里。该社区的天主教的教区神父和该社区的恪守玛雅传统的萨满教巫师携手合作，成功地主持了一次涤罪仪式。在组织和准备这个仪式的过程中，有促进的、有拖后腿的、有疑心重重的，有冲突、有妥协；但遗憾的是我在当时都没把这些经过记录下来。在这件事里当然包含有两个更为诡秘的传统。这两者在某种程度上是彼此不相容的，所以，要让它们在整个仪式的过程中表现得让村民不感到失望的话，它们是需要做些相互调整的。

有鉴于这些，我们后来就改变我们的思路以使得我们的观念和想法能对各种更为广大的体系——也就是说，对于已扩大了其研究领域的人类学的事业——都会起到积极的促进作用。我们很难在一个原始型的、典型的自给自足型的——

而且它具备了社会的和文化的独立自主状态的——社会里面看到传统的。其实传统可能就是简简单单地体现在当仪式进行时在场的某些萨满巫师或天主教神父的身上，或者体现在该小社区的某几个居民的身上；然而这几个居民从外表看起来和别的居民是没有什么大差异的。如果我们是身处于一个原始型而且其居民尚未有他们自己的文字的社会里，那么我们是没法获得很多关于他们文化的发展历史的。在早期的祖尼族人中流传的那个传统的结构向来是被视为在该部族社区范围内的功能的一个部分，并且还被视为现今仍存在的东西，而不被视为已过时了的东西。但是，一个文明总是既有大的地域上的范围，又有大的历史意义的深度的。也就是说，不论是从时间上来讲，还是从空间上来讲，一个文明就是个硕大的整体。为什么会是这样呢？因为一个文明需要非常复杂的组织工作，一则是为了保证它的正常运行，二则是既为了给这个文明培育出它的种种传统，也为了把已经被培育出来的它的大传统传播到存在于它的内部的为数众多又各不相同的小型的地方性的社会里去。于是就有人类学学者们出来对这样的小型的地方性的社会进行研究。可是在对这样的小型的地方性的社会进行了研究之后，人类学学者们却发现这样的小型的地方性的社会远非独立自主的实体。于是他们就对外界报道了这一发现，而且还进一步考察、分析这样的一个小型的地方性的社会在社会性的事务上和在文化上和国家以及整个国家的大文明之间存在着什么样的关系。

第四章　什么是从事耕种的人们
憧憬的"美好生活"?

　　在二十世纪初，那时候的人类学侧重于探讨不同人种、民族、国家等之间的差异，而不是它们之间的相同点。那时候的人类学学者们发现：不同的原始型的社会——尤其是那些彼此在地理上相距甚远的原始型的社会——彼此在风俗习惯上差异极大，而且对于"什么是'美好的生活'?"，不同的原始型的社会在对其进行思考时所使用的概念也是大相径庭的。生活在落基山以东的半干旱大平原上，相距较近的两个印第安部族也许对于"什么是'美好的生活'?"这一问题的答案较为相近；但是生活在加拿大的夸丘德族人所憧憬的"美好的生活"就大大有别于祖尼族印第安人，而更有别于生活在西南太平洋上的美拉尼西亚群岛上的陡布族印第安人①。据我们所知，有的部族与其他部族在谋生的方式和方法上虽然相近，但在恪守的道德准则和对世界的看法上却很不相同。如果把一群生活在澳洲以狩猎和采集野生植物为生的土著和一群生活在美国加州的印第安人放在一起生活，那就准保不会彼此相安无事的。属于印第安人种的祖尼族人是种地的，但他们和菲律宾吕宋北部的当地部族里务农的人根本就不是同一种类型的。甚至是居住在同一个大区域里的同一个部族里的人们之间在价值的取向上都会是大不相同的。② 这种情况不是在报纸上从没报导过的。

但从另一方面说，人们普遍的有这样一个印象——**且不管人类学学者们是怎么看待这个印象的**——就世界上的大多数地区农民的总体情况来说，他们都是彼此差不多的。甚至可以说，全世界的农民都是彼此差不多的。在考察了从世界上各个地方移民到北美洲务农的人们的性格特点之后，奥斯卡·汉德林斩钉截铁地说："从欧洲的最西端起往东，经过爱尔兰，到俄罗斯的最东端，在这么一大片横跨世界的地域里的所有农民都是一个样子的，这一点是雷打不动的。"按照他的看法，全世界的农民之同，乃同之于以下的几个方面：（1）个个农民都苦恋自己的土

---

① Ruth Benedict, *Patterns of Culture* (New York: Penguin Books, Inc., 1946).

② Margaret Mead, *Sex and Temperament in Three Primitive Societies* (New York: William Morrow & Co., 1935).

地，（2）打心底里离不开自己的、似乎是样样俱全的村庄或社区，（3）家是他的宇宙的中心，（4）婚姻是他获得财源和物质生活的前提，（5）恪守代代寓居祖屋，靠男裔传嗣的准则；此外还有些别的方面。有人观察了东印度农民的生活之后认定：在那儿的农民们的身上"体现出它是东方生活方式和西方生活方式的真正衔接点"，"还体现出一种像我们的文明那么古老的生活方式"，"这种生活方式具有一种内在的凝聚力能让全世界的农民人人都彼此相亲，相互靠拢"。① 无独有偶，上述的这些对农民的印象就在不久前在一个法国作家写的一篇文章中重现了。他写道，全世界的农民都是一个样子的，所以完全可以把分散居住在世界上各个地区里的农民统统看成是"属于同一个族类，而这个族类里所有成员不论是在心理上还是在生理上都是相同的"。这位法国作家还说，住在地球这一极的农民和住在地球那一极的农民之间的相异程度要远低于住在同一个国家里的市民和农民之间的相异程度。另外他还列举了全世界农民所表现出的共同点，诸如：农民的一个家庭就是个社会单位，让人无法理解的对于土地的苦恋，喜欢多子多孙。② 有一篇在公元四世纪用拉丁文写成的文章，它描述了生活在该书作者的时代和国度里的农民的情

---

① Malcolm Darling, *Rusticus Loquitur: The old light and the new in the Punjab Village* (London: Oxford University press, 1950), p. x.

② Rene Porak, *Un Village de France: Psycho-physiologie du Paysan* (Paris: G. Doin & Co., 1941).

况。这篇文章的内容和奥斯卡·汉德林对于农民的描述的
内容简直是完全雷同①。关于上面提到的关于农民的那些
描述和我本人在阅读种种描述其他时代和地区的农民状况
的资料之后所获得的感受也是完全契合的。我的感觉是：
我在对尤卡坦的玛雅印第安人的多个农民社区进行调研时
所获得的关于那儿的农民的状况的印象也是与我在后来所
阅读到的关于农民状况的资料内容很吻合的。像莱蒙特所
著的小说②里所描述的波兰农民的状况，像中国农民的状
况，像前不久报道的关于拉丁美洲的以及欧洲的乡村居民
的状况，所有这些资料都肯定地认为：在不同地区的农民
之间存在着这种"雷打不动的相同性"。不过我自己倒是
觉得我们应该把这种"相同性"的内容界定得更确切些，
而且我们应该去搜集更多的资料来证明这种"相同性"的
确是存在的。

　　九年前，E. K. L. 弗朗西斯教授③在他发表的一篇文章
中提出了他自己对"相同性"这一名词的定义的理解。他

---

　　① "Rusticam plebein, quae sub divo et in labore nutritur, solis pattens, im-
brae negligens, deliciarum ignara, simplicis animi, parvo contenta, duratis ad om-
nem lanorumtoleratium membris; cui gestare ferrum, fossam ducere, onus ferre con-
suetudo de rure est" (Vegetus Epitoma Rei Militaris, i. 3, quoted in Darling, *Rus-
ticus Loqitur*, p. x).

　　② Ladslas Reymont, *The Peasants* (4 vols.; New York: Alfred A. Knopf,
1925).

　　③ E. K. L. Francis, "The Personality Type of the Peasant According to Hes-
iod's *Work and Days*: A Culture Case Study", *Rural Sociology*, X, No. 3 (Sep-
tember, 1945), 278.

认为："所谓'相同性'，那应该指的是这样一种状态：凡是具有这样的'相同性'的、散布在世界各地区的、具有明白无误的务农者身份的人们应该在若干关键性问题上有着一种整齐划一的态度。"① 接着弗朗西斯教授就从一本在西方世界里要算是最为古老的描写农民生活的典籍里来为他的这一论断寻找佐证。这本典籍的名字是《工作与时间》（*Works and Days*），它的作者是赫西俄德（Hesiod）。此作者深谙城市里的人情世故，曾因与他的亲兄弟争一笔祖产而不顾手足之情对簿公堂；以后闭门读书以求精通诗艺在历届的诗歌创作比赛上获奖扬名；但话又说回来，在他的一生中他到底还是和农民在一起生活了若干年的。

弗朗西斯教授把赫西俄德写的那本描述农民生活的书的内容做了很好的归纳，他的归纳能很典型地勾勒出世界上其他地区农民的特征。在读了弗朗西斯教授的归纳之后我情不自禁地问了我自己这样一个问题："我是否也可以从我对之进行调研的那些农村社区里的农民身上找出类似于弗朗西斯教授所归纳出的那些农民的特征呢？"在过去，承蒙有关方面的邀请，让我以"论美好生活"为题举行了一系列的讲座；在我举行的那些讲座里我只使用"美好生活"这样的提法，而不使用像"在若干关键性问题上有着一种整齐划一的态度"这一类的提法。我以为：像"美好

① E. K. L. Francis, "The Personality Type of the Peasant According to Hesiod's *Work and Days*: A Culture Case Study", *Rural Sociology*, X, No. 3 (September, 1945), p. 277.

生活"这样的提法是特别适合于用来表述农民们的价值取向的。另外，在那些讲座里我曾经把赫西俄德写的那本书里所描写的生存在公元前六世纪的鲍沃夏地区①的人们的生活状况拿来既和近代生活在尤卡坦的玛雅印第安人的生活状况（**这是因为我曾和尤卡坦的玛雅印第安人有直接的接触**）做了一个比较，也和生活在萨雷（Surrey）的单纯简朴的农村居民的生活状况做了一个比较。（**居住在萨雷的单纯简朴的农村居民的生活状况见之于乔治·斯德特②写的一本著作中。**）斯德特（上文提到的他的著作以乔治·伯恩署名）更引导我们的注意力朝向关于人生应该是如何生活的占首要地位的态度和思想。如此看来，那些英国农民是在 1861 年平民的圈地和后来的城镇人口涌向乡村之后才转化为乡下人的。而乔治·斯德特目睹了众多这样的变化。

我在前面说过，我在做讲座的时候曾把三种类型的乡村居民的状况放在一起进行比较；也就是说，我把生存在公元前六世纪的鲍沃夏地区的人们的生活状况、近代生活在的尤卡坦的玛雅印第安人的生活状况，以及生活在萨雷的单纯简朴的农村居民的生活状况放在一起进行比较。这三种人不论是从时间上来说还是从地理距离上来说都是彼此相距甚远的。但在我对这三种人的状况进行比较的过程

---

① 鲍沃夏（Boeotia）是古代希腊的一个地区。——译者注
② George Bourne，*Change in the Village*（New York：George H. Doran Co.，1912）.

中却发现这三者彼此之间竟存在着那么多的相似之处。这让我不由自主地就此写出了一本书。在那本书中我写下了如下的话："如果有什么神奇的办法能把这三个人群中的任何一个中的某一个人突然迁徙到其他两个人群中的任何一个中去落户，而且还要神奇地赋予这个被迁徙的人以通晓他被迁徙往的那个人群所使用的语言的能力。我相信这个被迁徙的人肯定会在非常短的时间内就变得完全适应于他的新生活环境的。为什么他会这样呢？那是因为这三个人群的基本生活取向是很一致的。所以不论这个被迁徙的人是否被突然间弄到其他的两个人群中的任何一个里去落户，他的生活模式和道德取向都一点也没有改变。"我在我的文章里除了写上了这一段话之外还专门辟出一章来很细致地陈述了这三者之间的彼此相似之处。[1] 在这一章中我还详细地叙述了这三个人群的价值观和他们对一些重大问题所持的态度。我尤其详尽陈述了这三个人群在遇到某些意外的或重大的变故或考验后所起的变化。

　　我在前面已提到了我做过的讲座，在那一系列讲座里我提出了我对农民的一些看法，我不认为这些看法完全可以称得上是对于科学的一种贡献。我之所以要在我的讲座里阐述我的这些看法只是为了告诉我的听众们：（1）农民们有他们自己的"美好生活"观；（2）世界各地的农民

---

① 于1954年5月14日在芝加哥大学的大学学院做的一次讲演。

们在很多主要的方面是很相似的。但我没有对他们之间的相异之处进行过分析研究；我仅是阐述了他们之间相异之点的大轮廓；而且我把他们之间存在相异之点的基本原因归结为：这三者不论是在时间上还是在地域上都是彼此相距非常遥远的。一个是在古代希腊的鲍沃夏，一个是在近代的英国的乡村地区里，还有一个是在当今已经文明化了的印第安人居住的尤卡坦。要对这三者之间的差异下一个完全合乎科学的定论，似乎是匪夷所思的。不过让我们来讨论一下这三者之间的差异倒可能使我们都感到饶有兴趣。我知道我在我的讲座里对这三者所做出的比较和分析很可能是要引发一些争论的。我做的比较中有哪些问题最会引发争议呢？我想大概有如下的几个方面：（1）我赋予"美好生活"这么一个词的定义是否妥当？（2）我在描述农民的价值观时所用的各种词汇是否妥当？（3）我在我的讲座里对这三个人群进行了比较分析，我的这种比较分析所依据的资料有多么高的可靠性？因为这三个人群在它们存在的时间和空间上之差异是这么大，有关这三者状况的资料和文献在其来源上却又是如此地纷杂；所以这不能不让人对于我的比较分析所依据的资料的可靠性产生疑问。（4）我在讲座里做的比较分析中提出了若干概括性的论断，究竟应如何来估价我的这些概括性的论断才算公允？为什么要提出这么个问题呢？那是因为：与这三个人群相类似的农民群体的数量是非常多的，我仅是用了不很长的时间来研究了仅仅这么三个人群，然后我从我对它们的研究里理出了若干条概括性的论断，人们当然会对这样的概括性的论断提出质疑的。

在我做了对于这三者的比较和分析之后，质疑终于都汇总到我这儿来了。真是有赖于 F. G. 弗莱德曼教授的一片好心，他的一番操纵和运作乃使参加我系列讲座的听众们的质疑声终于沸沸扬扬起来了。弗莱德曼教授原是专门研究意大利南部的农民状况的，长期来他沉迷于对于平头百姓生活里的（**被人类学学者们称之为**）"价值取向"的研究。（所谓"价值取向"，说白了就指的是一个群体的总体心态。）这位教授是一位哲学家和人文学者。他自己不使用"价值取向"这个词，而使用"生活的方式和态度"这么个词汇来代替"价值取向"这个词，因为他崇尚使用平易的词语。他采用了频繁的书信来往的方式掀起了有关人们对我所做的系列讲座以及该讲座所涉及的重要课题做全面评论的热忱。这么一来大概有十二位在世界各地专门研究农民问题的专家学者们都闻风而动，参与到以我的讲座为中心议题的专题讨论会中来了。从这个专题讨论会里，尤其是从这十二位在世界各地专门研究农民问题的专家学者们那里，我是深受教益的。在这个专题讨论会之后的若干场合中，当我的发言涉及到一些有关的问题时，我还一而再地提到了这十二位专家学者们的名字。我对于他们是心怀感激的，深望他们愿意不仅进一步来矫正，而且也进一步来充实我自己已经向外界就这个专题讨论会的讨论结果所做过的各种报道。我之所以要在许多场合引用那十二位专家学者在专题讨论会上发表的意见，目的与其说是为了进一步细致地描述农民们的价值观，毋宁说是为了向我的听众们强调我的一个观点，那就是：农民们的的确确有着他们自己的一套价值观。回顾这个专题讨论会在当时的进行情况，我认为它所产生的后果就在于它让我们的社会加深了关于下述的几个现象的印象：（1）从事于耕作的生活环境易于促使不同地区的农民们对于生活中的重大问题持大体相同的态度，（2）一个务农的群体对于生活的总体所持的态度往往会类似于生活在世界上任何其他地区的一个务农的群体对于生活所持的总体态度，但在这两个务农群体之间却不可能在每一个具体的重大的生活问题上都持完全一致的态度。此外，我还认为：随着我们整个社会对于农民问题的讨论的深入，许多在我们的讨论中涉及到的名词术语的定义将会变得越来越精当；在我们的讨论中涉及到的事实和资讯的可靠性也会随着我们讨论的进展而得到大大的提高。这样就有助于我们更有的放矢地来利用这些事实和资讯，也更有助于我们利用这些事实和资讯去鉴别或说明什么是两个（或若干个）务农群体之间的相同之点或相异之点。总之，像我们现在这样长驱直入地在把农民看作是人类中的一个特别种属的前提下来探讨他们的种种问题——换句话说，我们是根据农民们具有他们自己独特的对待宇宙的态度的这样一个事实来把他们看成是人类中的一个特别的种属的——那么，这一切都意味着什么呢？在我看来，这意味着人类学的研究事业的扩大。也就是说，人类学的研究主题的范围在扩大着。像我们现在这样长驱直入地在把农民看作是人类中的一个特别的种属的前提下来探讨他们的种种问题就是人类学的研究主题的范围在扩大的一个具体的表现。本书共有四章，每一章的中心内容都没有越出人类学的研究主题的范围。但是，说实话，在这四章中具体地涉及到农民们所面临的问题的内容却是很有限的。我觉得，经由弗莱德曼教授的点拨而兴起的这一场大讨论倒是给了我们一个启示：我们应该对农民们所面临的那些问题给予更审慎的调研和探讨才对。

现在，我在这里想首先来陈述一下，当初我在我的一系列讲座中即席地把三个在时间上和地域上都相距十分遥远的务农性群体进行了一番比较和分析。在我当时做这种即席的比较和分析的过程中，我是如何地向我的听众陈述我的头三个概括性的论断的。同时我还要在这里说一说，在后续的、对我的三个概括性的论断进行讨论的过程中又出现了什么样的情况。

在前文里我已经提到了十九世纪的英国农民，我们当代的尤卡坦的玛雅印第安人，以及生活在古代希腊的鲍沃夏地区的居民；我从对这三个群体的对比分析中发现这三者对于一系列的重大问题所持的态度，和他们所持的价值观都是非常近似的。这三者对于他们的土地都抱着既亲昵又尊重的态度；这三者都认为干农活才是正道，而且都认为经商跑买卖就会走上邪道；这三者都特别器重能工巧匠会干活、会创造财富的本事，把这些看成是一个人的第一美德。赫西俄德在他写的《工作与时间》一书中曾就鲍沃夏地区的农民们对于土地所持的既亲昵又尊重的态度的这一现象大加发挥，而且就此写下了若干条训诫。有意思的是：赫西俄德写下的这些训诫的内容和当我在尤卡坦进行调研时当地的一个农艺学专家当着我的面对他的儿子进行训导时所说的话的内容竟然几乎如出一辙。这位印第安人的农艺学专家手把手地教他的儿子如何用斧头，怎么用砍甘蔗的刀。当他们家庭的人放野火毁原始树林来开拓出一片荒地的时候，他非常认真地监视着他儿子的举动，双眼紧盯着他的儿子看，看他当毁林的野火着起来的时候是否马上低下头去祷告。这位农艺学专家对于地里长着每一棵玉米都是毕恭毕敬的，把每一块玉米地都看成是一块圣地。在赫西俄德写的那本书中的有些章节里描写有与上述的印第安人十分类似的对于务农生活的既勤勉又虔诚的态度。当我看到了这一切之后就不禁产生了这样的感想：农民们总是认为天地万物有一半是属于人类的，而另一半则属于上帝。不只是古代的希腊人有这样的认识，就是今天的玛雅人也是这样认为的。农民们总是认为：人不下工夫，自然界当然是不会给人以回报的；但是光下工夫而不懂得敬重自然界，那么自然界给的回报也就会少得可怜了。所以种地就得实打实地干，不但要实打实，而且在实干的过程中还要充满着宗教的激情。我注意到尽管在描写英国萨瑟克斯郡农民的务农生活的那本书中在行文上并没有使用很多特别扎眼的宗教性的语汇，可是由于在那本书里大量转引了乔治·斯德特所写的关于居住在英国萨雷的单纯简朴的农村居民生活状况的著作里的原话，这样就给读者留下了这样的印象，那就是：英国的农民也和世界上别处的农民一样不但具有强烈的对于自然界的亲昵感，而且也对自然界充满了敬畏。尽管在这两本描写英国农民的状况的书籍中，在行文上都没有刻意地把务农上的实干精神和宗教徒的狂热情愫糅合在一起，但在这两本书中还是很清晰地显露出了英国乡村的居民，不论是对于他们的田园环境，还是对于繁忙的农事操作总是——**这里借用乔治·斯德特说过的一句话**——"怀抱着一种朦朦眬眬的倾倒膜拜的心情"。

我在我的系列讲座里说了以上的这些话之后，接着我就把我的讲演转到"务农的人们最看重在生产中的巧干和实干，而且把这一种品质看成是做人的第一美德"这一话题上来，同时我指出农民们之所以要强调这一美德乃出自于三种重要的考虑。这三种重要考虑的内容是什么呢？（1）为了使农村的社会保持安全和稳定。（2）为了使生活在农村社会里的人们知道应该尊重什么和鄙视什么。（3）为了使农村社会里的人们对于生产和生活都具有宗教徒般的情怀。（关于这一点我已在前面做了些阐述。）在我的讲座中，当我把话说到这儿的时候，我再次引用了赫西俄德的书里关于安全、稳定和尊重的一些说法。赫西俄德认为：在农村里只有那些老实勤奋地务农的人们才会得到安全、稳定和尊重。在引用了赫西沃德的话之后我向我的听众介绍了生活在尤卡坦的印第安农民们从来都是教导他们的下一代人去学会辛勤地耕耘。他们对孩子们说：如果想得到好的生活，如果想得到好的名声，唯一的办法就是学会辛勤地耕耘，神只会保佑辛勤的人们。但是我也向我的听众们介绍了另一种现象，什么现象呢？现在让我来告诉你们。在一个玛雅人的村庄里，尽管在有些年头里种玉米肯定只会赔钱，可是有一些人却是不论在什么样的情况下都坚持种玉米。为什么这些农民即使明知种玉米会赔钱却仍要种它呢？这是因为在那个社区里，一个人若想得到好名声和想参与社区里的宗教活动，他就必须种玉米。

然后我向我的听众讲述到务农的玛雅人对于城里人是很蔑视的，认为他们手无缚鸡之力，除了会吃饭之外什么生产性的活计都不会干。务农的玛雅人认为：会干农活不仅是一个人生存的需要，而且也是他做人的骄傲。我的话说到了这里接着就向听众转引了乔治·斯德特书中的一段话。这一段话是描述英国萨瑟克斯郡农民对待农业劳动的态度的。萨瑟克斯郡农民对待农业劳动的态度简直是和务农的玛雅人对待农业劳动的态度完全一样的。不仅务农的玛雅人和英国萨瑟克斯郡农民都很尊重自己的农业劳作，古代希腊的鲍沃夏农民也是如此。另外，这三个地区的务农的人都鄙视经商的人。不过生活在尤卡坦的一些更为当代化了的务农的人现有时也搞点经商活动，但仍只把做买卖当做一种"一时兴起偶尔为之的小小冒险活动"；不论在任何情况下，他们的经商活动都绝对压不倒他们的务农的热忱。赫西俄德同样在他的书中对于务农的人插手经商也是横加斥责的。而且在他的书中专门辟出一章来劝诫务农的人不要去经商，在那一章的开头用的是这样的几个字眼："设若你竟让你自己鬼迷了心窍不种地而出去跑买卖……"

现在让我来说几句概括性的话，我认为从上面提到的三个群体的状况可以得出一个这样的结论：这三个群体里的所有务农的人们对于干农活的态度都是很清醒和很认真的。即使是在田间地头长时间地辛劳，他们也都毫无怨言。但是所有这三个群体里的人们都厌恶冒险和投机。他们的这些品质和在《伊利亚特》里或在印度的史诗《摩诃婆罗多》里出现的那些武功盖世的首领或酋长们话里话外所描述的他们手下的那些农民士兵们的品质是截然不同的。

在我的那次对于那三个地区的务农的人的情况做了对比分析的讲座之后，紧接着我的听众们就在我的讲座的现场举行了一个讨论会。在那讨论会上就有人就《伊利亚特》和《摩诃婆罗多》这两部史诗里对农民士兵性格的描绘进行发言。最初的几个发言人都认定这两部史诗里对于农民士兵的性格的描绘是不真实的。

伊尔文·桑德斯教授在他的发言中就指出：保加利亚农民就是把"对土地私有制的尊重、辛勤劳作和勤俭过日子这三者看成是所有做人的诸美德中之最最上乘的

美德"①。唐诺尔德·莆尔金教授在发言的时候是照着他事
先写好的稿子念的，他说：不论是就爱尔兰的农民来说还
是就生活在加拿大法语区的农民们来说，这两个群体都是
千真万确地把"勤奋耕作以求丰产看成是首屈一指的美德
和做人的最基本义务"的。

　　可是接着站起来发言的人们说话的调子就开始变了，
否认土地和农务劳作是农民衷心向往的东西。莆尔金说：
生活在意大利南部的农民们仅仅是为了图生存才不得不下
地去干活，不过在他们的心里却认为一个人活着的时候最
好只是劳心而不要去劳力。其实他们最为期望的生活方式
则是完全游手好闲，既不劳心更不劳力。弗莱德曼说，他
自己从来也没有看到生活在意大利南部、日子过得很困顿
的农民们有任何敬重土地的情感；在对待土地的态度上他
们既和玛雅人对土地的态度大相径庭，也和乔治·斯德特
写的书里所描述的晚期的英国农民对待土地的那种态度完
全格格不入。

　　为什么意大利南部穷苦的农民对于土地会持这么一种
和世界上绝大部分地区的农民截然相反的态度呢？当然不
只是意大利南部穷苦的农民对于土地是持这样的态度；还
有极少数地区的农民们，以及或多或少类似于农民的人
们，对于务农所持的态度则是：辛勤务农并不是什么美
德，干农活仅仅是为了谋生。为什么这些务农的人们会对

---

　　① Irwin T. Sanders, *Balkan Village* (Lexington, Ky: University of Kentucky
Press, 1949,), p. 147.

务农和土地采取这样的一种态度呢？

后来我去阅读了更多的有关资料。我看到了彼特-里弗斯前不久写的一本报导居住在城市里的安达卢西亚农民生活情况的书。这个报告说：那些居住在城市里的安达卢西亚农民们对于土地毫无半点神秘感；他们每天出城去种地，但对于他们所种的土地没有丝毫感情。[①] 他们并不认为勤奋地干农活是一种美德。皮特-利费尔斯在他的书里引用了一个法国作家说过的如下一段话："那些农民去地里干活的时候心里总是很不痛快的。他去干活仅仅是为了养家糊口，他才不管他是在养地力还是在毁地力。他一点也不认为土地是他的切身利益的一部分。"[②] 彼特-里弗斯在他的书里引用了法国作家的这一段话之后，附加上了下面的一句话："叙利亚的农民何尝不是如此！"

塔里奥·腾托里教授（他也是个专门研究意大利农民问题的学者）以及唐诺尔德·莫尔金教授都曾提出过这样的一种说法：凡是执意认为辛勤种田应被视为一种美德的那些农民们其实都是些家里有不少土地而且家庭经济有保障的人们；正因为如此，所以只要他们辛勤地去干农活，那么他们的全家就必然可以过上体面的生活。因此他们才会极力主张把辛勤耕耘看成是一种美德。所以凡是执意认为辛勤种田应被视为一种美德的那些农民们"绝对不是那

---

① J. A. Pitt-Rivers, *The People of the Sierra* (New York: Criterion Books, 1954), p. 47.

② J. Weulersse, *Paysans de Syrie et du Proche-Orient* (Paris, 1946), p. 173.

种拼死拼活卖苦力尚求不得温饱的人们"（这是借用唐诺尔德·莆尔金教授说的话）。意大利南部地区的经济状况是很糟的，你只要到那儿去看一看便会对那儿的贫困状况一目了然。但是在意大利的南部地区却也有肥得流油的富翁和灯红酒绿的城市生活。正是在这种贫富对照异常鲜明的氛围中最容易使人们萌生逃避异常艰苦的田间劳作的念头。这是一种可以用来解释为什么有些地区的农民会偏偏对于土地和务农产生厌恶的说法。但是这么一种说法是否能解释得通为什么西班牙山区里的农民既厌恶土地又厌恶干农活？恐怕很难解释得通吧，因为西班牙山区里的农民们远比意大利南部穷苦的农民们富裕得多。

　　所以我现在就在想：为什么那些把务农看成是一种光荣高尚之举的欧洲，所有农村却在地理位置上都距离地中海十分遥远呢？难道这纯粹是一种偶然现象吗？明明白白地把土地和务农与光荣和尊严挂上钩的就是保加利亚、爱尔兰和英国的农民们；而明明白白地视土地和辛勤耕耘如敝屣的就是意大利南部、安达卢西亚和叙利亚的农民们。彼特-里弗斯是这样说的：安达卢西亚人对于土地和务农所持的那种态度"是整个地中海那一带农民们所共有的，不过居住在伊比利亚半岛以西和以北的农民们却并不对土地和耕耘持这种态度"[1]。要是从这一

---

　　[1]　Pitt-Rivers, *op. cit.* , p. 47 , *n. i.* Yet Hamed Ammar in *Growing Up in an Egyptian Village*, *Silwa*, *Province of Aswan* (London: Routledge & Kegan Paul, Ltd. , 1954) .

点看的话，那么我们难免要产生这样的推测：在意大利的两个大地区里的农民们对待土地和劳作的态度之所以有这样大的差异，未尝不可能是在某种程度上由于这两个地区在古代的时候在文化上就存在着这样的差异而沿袭下来的。在这方面让我们来回顾一下下述一个情况，也许我们便多少可以对此了然了。在古代的时候，在整个地中海地区的居民都很强调的一个传统是：一定要选择城市作为最佳的居家处所。而在那时生活在东欧和北欧的居民们（由于他们都是过着部落群居而且经常迁徙的生活的）的传统却是完全排斥城市作为最佳的居家处所的。尽管安达卢西亚的农人们总是自诩为城里人，可是他们的生计却是种地，而且在文化水准上要比那受过良好教育的精英阶层低得不是一星半点。所以，完全存在着这样的"可能性"，即：对于地中海地区的所有居民们来说，"城市"二字总是金光闪闪的；而在这两个字闪射出的金光里其实是包含着那个时代的农民对于务农生活的厌恶的。但是话又说回来，当我们一想到赫西俄德在他的书中就"辛勤耕作"这个美德做出的诚挚的训诫，我们却不禁怀疑这样的"可能性"究竟有否存在的可能。如果这样的"可能性"不存在的话，那么在古代的希腊就会存在着另一个可能性，那就是：赫西俄德在他的书中提到的那些农民们或则是一些生活在更古老的时代的、尚未萌生出对土地和耕耘的厌恶心理的农民，或则是一些并非生活在古希腊的土地上的农民。

　　当然也有这样的一个可能性，那就是：在全世界各地的农民们中确实就存在着两种对待土地和农务劳作的截然相反的态度。在玛雅印第安人看来能在地里干农活是无上光荣的，因为这不仅是男性的美德的表现，而且使种地者获得了参加部落的宗教活动的资格。在古老的印第安人那里，种地是和参拜神灵挂上钩的；这一点即使当世俗的文明渗透进了后世的印第安人的生活之后也没有起什么改变。古时候的英国农民们从情感上和道义上对于土地有着非常执着的依恋，但他们的这种对土地的依恋和处于原始生存状态的印第安人在把土地和耕种与宗教活动挂钩的前提下产生出的对土地的依恋完全是两回事。玛雅人是属于原始形态的务农者，在现代土生土长的玛雅人的精英阶层心目中，务农的玛雅人算是可尊敬的农夫；但在玛雅人与西班牙人混血的精英阶层人们的心目中，务农的玛雅人就降格成为通常的农民了。在英国的乡村里，一个农民只要能通过务农而使他的全家过上体面的生活，那么他就不会被看成是一个俗不可耐的土包子。意大利南部的农民之所以厌恶务农，一方面可能是由于从远古传下来的一种丑恶的偏见，而另一方面则可能是由于那儿的农民们看到城里的士绅和有钱人过的是那么奢侈的生活而农民自己则不但累死累活却仍然食不果腹衣不蔽体，因而才产生出了对土地和务农的深深憎恶。

　　巴拉圭的务农者们习惯于占住公地，一户农家与另一户农家往往是相隔很遥远的；所以他们的乡村里总是人烟稀少。他们的农业资源是公有的。他们的每一个人有多大的能耐就可以给自己开垦出多大的荒地来种。据我们所知，在巴拉圭的务农人们中的有些人是与有权有势的精英人物有着亲戚关系的。即便如此，这些人们也不会因此而失去自己的"庄稼人的本色"；也就是说：那些与权贵人士保持着亲戚关系的农人们仍然只是很本分地以耕耘为生，而不肯把耕种土地作为一种另有所图的筹码。像这样的巴拉圭农民并不特别在意自己已拥有还是没拥有一片土地的所有权。即便他手上没有任何一块土地的所有权，他也是毫无所谓的；这是因为在巴拉圭，只要你在一块地块上住着，那么毋须任何政府部门的批准，这块地便是属于你的了。在巴拉圭，当一个人受雇佣去干农活的时候，他习惯地把他与雇主的关系看成是与通常的人与人之间的关系毫无二致。他把自己的受雇看成是自己只是在做点好事，给朋友帮个忙而已。

我的书从开头写到现在的这一页为止都一直是在讨论如何能把不同地区的农民对于土地和耕耘的两种截然相反的态度调和起来；而我们的这种讨论一直是在一个假定的前提下进行的，这个假定是：关于不同地区的农民们对土地和耕耘抱着截然相反的态度的报导材料都是真实可靠的。换句话说，我们所得到的有关资料都是为了回答如下的一个问题："是不是这些农民们都认为在他们的土地上从事耕耘是件蛮好的事情？"但是，我们是不是真的非常有把握地敢认定：这些农民们确确实实就是这样认为的呢？"都认为在他们的土地上从事耕耘是件蛮好的事情"这二十一个字究竟包含着什么意思呢？毋庸讳言，凡是来参加我们这个专题讨论会的人都清楚地知道，我们在这里讨论的是：什么是农民们心目中认定的"好"和什么是他们心目中认定的"不好"，而绝不是我们今天与会的人或什么冷眼旁观的人认为的"好"或"不好"。但是，农民所认定的"好"其实是具有多种含义和多个档次的。波涅·汉森博士写了一本描述古代瑞典农民生活状况的书籍。在这本书里他直截了当地指出农民心目中的好与不好都分别包含着多层次的标准。他在书中写道：有强壮的体力和有持久的耐力，这两者都是农民认可的"好"，因为作为一个农民有体力和有耐力就能使他容易从土地里获得他期望获得的东西。但从另一方面说，在地里汗流浃背地卖力干活却并不是他真的心甘情愿地去做的事情；"因为他喜欢呆的地方不是在长着庄稼的地里，而是舒服、暖和的家里的炉灶边。"倘若把"在地里勤奋地干活是一种美德"这么一句话只当作一种空洞的说教来向农民说一说，或者你去劝说农民要去敬重那些在地里辛勤干农活的人，像这一类的话农民们听了之后是不会有什么反感的。我想这一点是大家都能想象得到的。农民们听了这一类的话固然不会起反感，但在他们的内心深处不仅总是在期望休息、期望闲逸，而且也很清楚地知道只要他们肯想法去偷懒耍滑，那么他们并非就绝对得不到休息和闲逸；甚至在某种程度上他们在内心深处更期望着自己能偷懒耍滑，而并不期望自己去苦干。人的天生本性的一个方面就是贪图优哉游哉不劳而获。波涯·汉森博士还直截了当地提到了这样的一点：对于某一个人来说是"好"的东西并不见得对于一个群体来说也同样是"好"的。换句话说，单就一个"好"字来说，农民所认定的"好"其实是具有多种含义和多个档次的。

　　我们当时的讨论会在它的进行过程中颇呈一波三折的状况。当讨论会的话题转到去探讨如何才能弄清什么才是农民们真正认定的"好"和什么才是农民们真正认定的"不好"的时候，有人提出意见说：现在我们不仅应该重新来考证一下那些宣扬农民们对土地以及辛勤务农精神是尊重和拥护的资料和那些宣扬农民们对土地以及辛勤务农精神是厌恶的资料的可靠性，而且还应当对我们在讨论中所使用的重要概念的含义的确切性做一次严格的审查。有人则认为我们应当进一步对塔里奥·腾托里教授、唐诺尔德·莆尔金教授和弗莱德曼教授所提供的资料进行探讨和研究，因为他们三人提供的资料能给我们更多的关于农民是怎么看待辛勤务农的信息。我所提供的关于玛雅人对于土地和辛勤务农的态度的资料比较完整地反映了玛雅人的价值观，但是我提供的关于玛雅人的资料里却没有提到在玛雅人当中是否有好逸恶劳的现象存在。其实好逸恶劳的现象在玛雅人中是存在的。赫西俄德写的那本书里的全部内容都缺乏足够的说服力，因而不能很确切地证明他在书中提到的那些农民们对他们自己的处境和生活状况是满意的①。总而言之,我们在各自的研究中使用到的资料以及这次讨论会所涉及到的全部资料都各有其偏颇之处,也各有其偏重之处。有的是偏重于说明农民对于农事活动充满着崇敬的感情,甚至于充满着像宗教信仰般的激情;有的是偏重于说明农民们好逸恶劳;还有一些则偏重于道德说教式地宣扬培养出勤奋务农的习惯后会收获到多么大的好处。

实际上当我们的讨论进一步深入之后,我们开始逐步地意识到:不同地区的农民由于他们之间在传统价值观和生活态度上的差异,也由于他们各自的传统价值观和生活态度经历了他们各自的不同的历史发展过程的洗礼,因而使得他们现在的价值观和生活态度变得非常根深蒂固。所以,如果我们想认识农民的价值观和生活态度的话,那么最为妥善的做法就应该是:逐个对各个地区的农民的价值观和生活态度进行总结。在我们做完了所有地区的农民的价值观和生活态度的总结之后,我们可以对所有的总结进行分类。在把所有的总结分好类之后,我们就对它们逐类逐类地进行研究。在对每一个类进行分析研究的时候我们就可以将该类之中的各个总结之间的"同"和"异"进

---

①   干农活"被看成是各路神灵们强加给农民的一种负担,所以一面干,一面心里感到懊恼。""四个季节的周而复始有时能给人们以快乐的、完全放松的时间。赫西俄德用充满诗意的激情来对这样的完全放松的时间加以歌颂……"(见弗朗西斯的同一本著作中的第 284 页。)

行对比,从而探讨该类之中的各个总结之间的"异"是怎么产生的。这样,我们便可以弄清楚这些"异"是产生于历史传统的差异呢,还是产生于"某个近代的事变"。这里说的"某个近代的事变"指的是:比如,一个地区的农民突然间陷于贫困,或突然间脱离了贫困而进入了富裕,等等。在讨论会上大家在对赫西俄德写的书中关于鲍沃夏人对于婚姻和家庭的看法作进一步分析考证的过程中,弗朗西斯提出了如下看法:对于那些纯属于个人的生活方面的问题我们应当着重于考虑具体个人的个性方面的特殊倾向,还应当考虑到具体的个人在婚姻和养儿育女问题上的经济价值观。他解释说:"我们为什么要这样做呢?这是因为在古代,当一个男的农民在选择老婆的时候总是首先考虑到这个新娘子在过门之后是不是能或肯勤奋地干农活而不怕吃苦;而且这个想找老婆的男农民也一定期盼着娶来的媳妇能多生孩子,因为在乡村里家道兴衰全靠家里的人手多寡。"在讨论会上也重新考量了英国萨利的乡村居民的情况以及我所提供的关于玛雅人的资料。在我提供的玛雅人的资料里我对于当代的玛雅人的价值观做了一个更为笼统的概括。我在我的资料里是这样写的:"当代的玛雅人的总的思想状况是既现实而又充满着对土地和务农的敬重之情的,所以他们的心态是个合二而一的状况。这个'二'是指虔诚和审慎,他们的心态就是虔诚和审慎的不可分割的统一。正是这样的一种心态在指导着玛雅人家家户户的一切活动。在这样一种形态的价值观的支配下,冷静稳健成了每个玛雅人力求自己在日常生活里能达到的状态。玛雅的农民特别重视做人要举止得体，说话中规中矩，不能鲁莽冲动，而且不可以暴露自己精神、情绪和情趣方面的偏好。"

在我看来在赫西俄德和乔治·斯德特这两人的著作里流露出了这两个人对于人的丰富情感是持着一种蔑视态度的。这两个人要求人们行事为人一定要时时处处就事论事而不得掺入任何感情的成分。这两个人认为：做人一定不要温情脉脉、优柔寡断，一定要克制自己容易泛滥的激情。每当我想到这两人书中的这方面的内容时，我就会情不自禁地这样想：赫西俄德和乔治·斯德特这两个人简直就是在和《伊利亚特》里的英雄、部落酋长和农民士兵们唱对台戏。因为《伊利亚特》把这些人都描绘成为热情奔放、想啥说啥、豪迈不羁、该出手时就出手的外向型的直筒子。

我说过我在我的系列讲座里把三个地方、不同时代的三个农民的群体进行了对比分析。我现在在这里想补充说的是：这三个群体里的农民在对待性爱和婚姻问题方面总是持着非常非常实际的态度。他们对性爱和婚姻的态度上也充分体现出了克制、含蓄、平静、得体的特点。他们在这方面决不表现出放纵或任何变态。我还记得一个玛雅人的村民对我说过的话，他说："一个人就应该爱自己的地像爱自己的妻子和家人一样，一个人就应该爱自己的妻子儿女像爱自己的地一样。"当这个玛雅人对我说这些话的时候我马上就联想起了赫西俄德写的书里的一小段话：
"一个成年的男人该做的第一件事就是给自己盖一个房子，
然后给自己找个老婆，然后就得想法去弄到一头牛。有了
牛以后就该去耕地了。"[1] 在乔治·斯德特的书里描写了萨
利那个地区的常昆村庄的居民的情景。在描写那儿的情景
的段落里他同样地提到："一个男人的当务之急就是盖房
子娶老婆。"我在我的系列讲座里做了对比分析的这三个
群体的农民都把成家立业看成是自己应尽的义务，而且也
看成是自己对于生活虔诚和正派的表现。乔治·斯德特在
他的书里把古代英国乡村居民对婚姻的态度描述成："两
口子结成了到死都不离不弃的伙伴。"[2] 在我看来，他的这
个描述也完全可以拿给玛雅农民以及古代的希腊农民作为
后者的婚姻的训诫。所以我在给讨论会提供的资料里就写
下了以下的话："农民们看不惯也接受不了一些城里人那
种把婚姻只当作是一种及时行乐的手段的生活态度，但也
不会认可像居住在美国落基山以东的大平原上的印第安人
之中的一些愣头青们对待婚姻的行径；这种愣头青们为了
要处处显示他们男子汉的傲劲、狂放不羁和不把家室之乐
当回事，可以哪怕只是因为丈人或丈母娘说了一句半句他
听起来不顺耳的话便会立即把妻子休了，也不管妻子有多

---

① Hesiod, *The Homeric Hymns and Homerica* (London：William Heinamann；New York：Macmillan Co. , 1914）, p. 55.

② Bourne, *op cit.* , p. 44.

贤惠或多漂亮。"① 在农村里，最受人敬重的就是干好农活、通情达理，再加上遇事低调谦让。男的农民们从来不会去炫耀自己在床笫上是如何有能耐，会玩自己的老婆等等。在农民的社区里去搞房中术的那一套，或是随便拈花惹草是要受到周围人的鄙视和谴责的。可是这一类的风流韵事在很多波利尼西亚人的社会里，或是现代西方的社会里真是早已司空见惯了的。在农民中时有试婚的事情发生，这是多少被农村公众认可的。在有些农村里还有陪睡的风俗，当然这得经过有关权威方面的认可。但是通奸却普遍地不被认可。有一次在说到他的家乡萨利的居民状况的时候，波尔恩是这么说的："这儿的老百姓一听到有通奸的事就感到恶心。他们对于奸夫和淫妇是非常鄙视的。"② 至于农民们为什么会这么鄙视通奸行为，赫西俄德说了一句很精辟的话："留点神，别让一个妖妖娆娆的女人用几句甜言蜜语就把你哄上了钩；她看上的不是你的人，你的库房才是她真正看上的东西。"③

塔里奥·腾托里教授提供的资料里叙述了如下的情况：农民们是很重视性生活方面的经验的。塔里奥·腾托里教授说有一个农民曾亲自告诉他说："这是我们农民能享受到人生乐趣的唯一途径。"

---

① Robert H. Lopwie, *The Crow Indians* (New York: Farrar & Rinehart, 1935), p. 57.

② Bourne, *op. cit.*, p. 41.

③ Hesiod, *op. cit.*, p. 31.

　　还有人让我读了倪悌先生（倪悌先生自己就生长在意大利南部）写的一篇文章里的几句话。他的几句话是这样说的："在意大利南部的农村里，人的肉欲发泄常会采取暴力的方式。"就我所知，当地中海一带的农民们受到伤害要进行报复时，往往是采取暴力的手段以达到报复的目的。不仅如此，地中海一带的农民们还爱炫耀自己床笫上的功夫来满足他们自己作为男子汉的虚荣心。所以，这样看起来，在全世界不同地区的农民群体之间在对待使用暴力上以及在对待是否宜于向别人炫耀自己的性功能上，彼此之间的差异的确是颇为惊人的。

　　应该说在人世间确实存在着"各个种族有着各自的气质"这样一个事实的。比如说，中国人就会有它自己的群体性气质。至于中国人的群体性气质究竟是什么样的，那是有待于我们去进行调研才能做出个恰当的结论的。但是，有一点是可以肯定的，那就是：中国人的群体性气质肯定不会和意大利南部人们的群体性气质相同。玛雅印第安人也同样会有他们自己的群体性的气质，他们的群体性气质的基干部分早在玛雅人与居住在现代式城镇的西班牙—亚美利坚的绅士阶层发生过任何接触之前就已经形成了。也许人们会觉得，单就玛雅人的具体情况来说，他们早在被西班牙人征服之前便已形成的群体性气质原本就是和务农的人们的生存状况很合拍的；然后来了西班牙征服者，在这样的情况下，玛雅人的群体性气质在由他们本族人组成的传教士精英层的诱导下便部分地朝着玛雅人现在的群体性气质的方向发展了。打个比方吧，如果把擅于狩猎的北美印第安人——科曼奇部族的人们迁徙到尤卡坦地区去，那么前者早晚是要发生大的变化而最终也要转变成为种地的农民的，但是这个过程会是历时非常漫长的。所以完全有可能发生这样的情况，那就是：虽然一个务农人群的总的生活环境并不排斥某种新的环境因素对这群人们的气质和性格的影响，但某种新的环境因素的作用毕竟还是很受到总的生活环境的约束的。这就是为什么务农的人们在性爱和暴力方面总是更倾向于持克制、含蓄和冷静的态度的原因。

对于农民的价值观的解释简直是五花八门。在我们为时不长的讨论会进行的过程中，即便在一些很具体的问题——比如男性农民的御女的本领，或使用暴力的倾向，或农民夫妇之间过的是激情澎湃般的性生活还是平静如湖水般的性生活——上也是很有种种说头的。农村生活的特征，就其总体上来说，很可能更倾向于把一个农民的气质改变成沉稳、低调、不富于侵略性。但还有这样一种可能性，那就是：不同地域的农村会造成不同程度的沉稳、低调、不富于侵略性的农民。可是也还有另外的一种可能性，那就是：在世界上的某些地域里的农民，由于他们与士绅和精英阶层接触得非常多，而且接触经历的岁月又非常长，因而这些农民们便逐渐地以士绅和精英们的好恶作为他们自己的好恶了。在这一点上，安达卢西亚的居住在城镇里的务农的人们便是个典型的例子①。但是士绅和精英层的是非好恶对于农民们的影响程度是因地域的不同而有所差异的。在我看来，西班牙的士绅和精英层在这方面对于农民的影响要远高于波兰或俄罗斯的士绅和精英层在这方面对于农民的影响。

我们在评论某个农民群体的是非好恶的标准，或在评论某个农民群体的理想时，不考虑到该群体与和它有关联的士绅群体之间有多么长时间的接触，是什么样性质的接触，那就不可能客观地对该农民群体的是非好恶的标准，或对它的理想做出恰当的评价。在我看来，恰恰就是要从一个农民群体和一个士绅群体（或一个城市居民的群体）的关系中来寻找出该农民群体之所以有别于一个原始人类型的群体的原因。一般来说，农民群体的生活状况在很大的程度上仍然保留着原始人类型的群体的特征，或保留着部落性群体的生活方式。农民对自己的生活的安排一般都是以如何能让自己获得美好的生活为宗旨的。在什么情况下农民会对自己的生活感到满足呢？那就是当他感到自己事事问心无愧，没有做任何违背天良的事，而且当他感到自己的农艺本事上乘又丰衣足食的时候。乔治·斯德特做的关于英国农民心目中的美好生活的概括是很恰如其分的；把他的这个概括用到非洲的原始人类型的农民身上，或用到北美印第安人的原始人类型的

————————

① Pitt-Rivers, *op. cit.*, chap. Vi.

农民的身上也都是合适的。乔治·斯德特的话是这样说的："靠着他自己的农艺技巧和知识，他能在他生活于其中的社区里过上像样的生活。从他过得像样的生活里他至少可以得到从他的现有的生活条件里得到的最大的安慰。他的生活环境能给他提供多方面的知识，这些知识都是他极感兴趣的。他自己所获得农艺本事以及他在耕耘方面所经历过的种种艰辛都使他在人前感到很骄傲。他会觉得自己是一个无论在哪一方面都不会比其他任何人差的人……他对自己的生活环境里的各种风俗习惯都乐意去随从。这样一来就使得他在为人处世的方方面面都不会越出祖先立下的是与非的准则的范围。"①

所以，和一切有着悠久历史的群体一样，农民这一群体始终能从生活本身寻找到自己的人生目的和对生活的热忱。这是因为从每一天的劳作和休闲里他都能自然而然地得到一种启迪。这样的启迪在他的心灵里积累得多了就逐渐让他能自发地体会到不论是自然界，还是欢乐、痛苦或死亡都各自有它自己的意义。从所有这些似是隐晦但却有明晰的意义的生存状态里面，他逐渐在自己的内心深处悟出了为什么一个人要出生到这个世界上来，为什么他要成长，然后要成家，要生儿育女，要干活，要受苦，最后要死亡的道理。他总会感到他不会白白地付出劳动的，自然界和上苍不会让他白干的。一般来说，每个务农的族群里

---

① Bourne, *op. cit.*

总会流传下一个谚语或一个民间传说来告诫他：不论谁都难免有他的弱点和差错的，所以待人一定要有宽容的心。他的族群里还会流传下种种内容更为严肃的神话故事来让他明白为什么有些无辜的人会受罪，为什么人的一生最后都免不了一死，等等。所以，尽管农民（或原始人）相互之间也会争吵，会恐惧，会挑拨是非，会彼此仇恨，但是他们的人生总体经验还是很单纯的；这就使得他们的生活环境总保留着一种人性味和人情味。

　　但是说到底，农民的生活处境到底还是有别于原始人的生活处境的；因为农民了解比他们更开化的人们的生活状况，而且农民的生存也离不开比他们更开化的人们。农民靠把自己的农产品卖给城里人而生存，而且他还得向政府交税，对政府官员和牧师神甫毕恭毕敬，等等。总而言之，他不能不由衷地承认城市要比乡村好。在精神生活和智力生活方面农民不是自给自足的。当乔治·斯德特在他的书中说到英国农民时曾说了下面的一句话："……他会觉得自己是一个无论在哪一方面都不会比其他任何人差的人……"，但紧接在这句话的后面他赶紧补充上一句："尽管他无论在哪一方面都不会比其他任何人差，但是他恐怕是比别人要穷一些，粗鲁一些。"[1] 一点也不错，所有的农民都由于觉得自己比城里的士绅们贫穷和粗鲁而不免觉得自己要低人一等。

---

[1]　Bourne, *op. cit.*

在我们的讨论会中，当谈到农民和城里士绅阶层的关系时，有些人的发言曾使我感到很吃惊。有的人说在欧洲的历史上，甚至到目前为止，没有任何一次的农民揭竿起义可以称之为"革命"。还有人说：从英国的总体情况看，农民和士绅之间根本谈不上是被压迫者和压迫者的关系。还有人说：农民即便是在揭竿起义的过程中也最多只要求士绅们对农民在施舍上比以往更大方一点，只要士绅们做到这一点，起义的农民就满意了，而且农民即便是在闹事中也只是要求那些有权有势的人们停止滥用他们的权势而已。① 还有人说：即便偶尔有农民对有钱有势的人怀有深仇大恨的情况，但其起因往往只是由于有个别人越出了传统的和被大家认可的农民和士绅关系的模式而已。

传统的和被大家认可的农民和士绅关系的模式的存在是个事实。但是我们毕竟还是想探讨一下这样的一些问

---

① "1917 到 1919 年间在东欧发生的农业革命……和既往农民起义是很不相同的（比如说：和 1524 到 1525 在德国中部和南部发生的农民战争，或者和法国大革命早期的农民运动都是大不相同的）。这两者都主要是为了推翻或减轻统治者对农民的压迫。""很显然，赫西俄德并不把封建主的残酷统治以及恶劣的封建体制把整个社会改造成为一个畸形的等级森严的怪物看成是什么伤天害理的事情。他自己充其量仅仅是在看到封建统治阶级把剥削压迫做得太过分时才感到有些不忍或不满而已。他本人并没有任何要改变封建统治的意图。""赫西俄德认为：在农民与农民之间会存在有不和睦，农民和其他社会阶层之间也会存在着不和睦；但这并不会导致彼此嫉妒和仇恨。人们在心里往往觉得地主们总会是既飞扬跋扈，骄奢淫逸，但又会是大度阔绰而有人情味。在另一方面，人们总是觉得农民们总是既惯于过勤俭的穷日子，却又肯对地主服服帖帖，甚至在受尽凌辱的情况下也不会对地主的特权说半个不字。"卡尔·马克思说过："法国的农民无论在什么样的情况下都不会起来革命的，因为他们根本不懂什么叫做受压迫。"

题：（1）士绅阶层和农民这两个群体对于"是非善恶"各自会有各自的理解，那么双方在对"是非善恶"的理解上是否有某些相近之处呢？（2）在士绅阶层和农民这两个群体之间存在的主要的分歧是什么呢？（3）在社会道德这个领域①里士绅和社会精英是否真的能对农民起到引导的作用呢？（4）在道德方面，士绅阶层是否真的起到了对全社会的示范作用了呢？（5）是否农民对于士绅阶层在道德方面的示范作用不加理睬了呢？

　　尽管本章的内容有相当大的部分是根据我们的讨论会的内容来写成的，可惜的是，这次讨论会并没有就我在上面提到的那些问题进行什么实质性的讨论。汉森博士告诉我们说：在一百多年前，瑞典的农民几乎把士绅阶层的所有代表人物都看成和外国人一样。现在，在法国的一个名叫努维勒的村庄里，农民和中产阶级之间的差异是非常明显的。农民就让自己的女儿去给中产者人家做工，"为的是让女儿学出上流人的举止"；但是农民并不希望自己的儿女以后变成为有产者。"农民们根本就不存儿女将来会发迹成为中产者的念头，要女儿去学上流人的举止，说白了只不过是让她将来能做人、好做人。"② 在前面的一些章节里曾多次提到印度农民的一些情况，从那些例子里可以看出生活在农村之外的知识分子们是

① Gideon Sjoberg, "Folk and Feudal Societies", *American journal of Sociology*, LVIII, No. 3（November, 1952）, p. 235.

② Lucien Bernot et Rene Blancard, *Nouville, un village francais*（Paris: Institut d'ethnologie, 1953）, p. 282.

能在道德倾向上对农民施加影响的。但是我们也知道，在世界上的某些地域里，比如说：在中国，在过去的某些历史朝代里就曾出现过有些农民子弟通过个人的勤奋求学，然后在科举上得志而脱离开了农村的穷苦处境而上升到士大夫的社会阶层里去了。如果我们把各种类型的有关农民的事实都考虑进去的话，那么我们应该这样说：就农民来说，农民和社会精英阶层之间存在的关系之模式是种类繁多的，不过，总的来说这样的关系应当被看成是农民生活中一个关键性的方面，而且这样的关系在不同的地域和不同的历史时期会以不同的形式出现的，而它对农民的影响也是因时因地而异的。

今天的农民和社会精英阶层的关系则是以一种全新的，与以往完全不同的形式出现了。回顾人类的历史，我们可以看出：农民在几千年的漫长岁月中就其总体的情况来说是变化不大的，甚至在某种意义上农民的状况是有点定型化了。在城市和文明在旧世界（也就是亚洲大陆和发现美洲之前的欧洲大陆）不断扩延的年代里，农民则变得越来越"土"。也就是土里土气和土生土长，一辈子生在什么地方，最后是死在同一个地方，不迁不移、不进不退。到了今天，在文明逐步地向部落的社会挺进的情形下，越来越多的部落的成员被改造成了农民了。像今天的印度和中国就是这个样子。在过去，当欧洲的文明向着北美洲扩张时，半吊子的农民出现了；这种半吊子的农民就是由当地的土著印第安人转化来的。他们的文化的基干部分和征服者的文化是格格不入的。这种半吊子的农民直到今天还是不断地在世界各地涌现着。

从全世界范围来看，农民往往是社会变革中的一支保守的力量；他们往往会成为革命的绊脚石。农民常常是在阻拦着旧型社会的解体，而迅速的科技进步往往是造成旧型社会解体的动因。不过就当今的世界现状来看，有一部分农民却是在很快地改变着自己。不过在不会太久远的将来，这一部分农民将会停止改变他们自己。在远东、近东和拉丁美洲，那儿的社会情况和文化情况都非常复杂；但是由于如今的世界到处都局势动荡，因此远东、近东和拉丁美洲的社会情况和文化情况就变得更加多变而难测。这就给人类学学者们的研究带来了更大的困难。现在越来越多的农民弃农进城去务工了。他们之中的少数人现在已变成了城市里的中产者了，现在有很多农民已不再满足于当农民了。城市把他们拉进了工业的圈子。

今天的时代开始显示出了这样的一个特点：甚至是一些孤立的和落后的群体都开始对自己的处境感到不满意了。越来越多的人们开始迫切地感到有必要让自己奋发起来以改变自己的命运。农民们也开始长起心眼了，思考着要让自己变得有作为起来。一般来说，农民多是想在两个方面让自己有所作为：有一些没有自己的土地的务农者就梦想着能让自己捞到一块土地，因为他们说到底还是很向往"三十亩地一头牛，老婆孩子热炕头"的稳定的乡居生活的。

但是另一部分想有所作为的农民所想的却是把自己变

成城市里的工人，变成城市社会里的一个成员，变成无产
阶级的一个成员，甚至哪怕是只变成城市的边缘群体中的
一个成员也成。

　　所以，农民现在确实是在变化的过程中。因此研究农
民问题的人类学学者们也在随着起变化。尽管我的这本书
在本章里说的都是与农民有关的问题，其实从本书的全书
来说，与其说它是关注农民的变化，倒不如说它是更关注
做着研究工作的人类学学者们的变化。本书的最后一章，
也就是本章，是要探讨什么是当前人类学研究的前沿问题
的；而农民问题恰恰就是当前人类学研究的前沿问题。所
以本章才用了很大的篇幅来探讨农民的问题。但是探讨农
民的问题势必要涉及到农民的总体气质和农民的价值取向
的问题；然而只是到了近些年来，农民的总体气质和农民
的价值取向的问题才刚开始引起人类学学者们的认真关
切。① 只是到了今天，人类学的学者们才刚刚学会了如何

---

　　① Stanford Humanities-Anthropological Conference, *Santa Barbara*, *May*
16, 17, 1947 (mimeographed); David Bidney, "The Concept of Value in Mod-
ern Anthropology", in *Anthropology Today*, ed. A. L. Kroeber (Chicago University
of Chicago Press, 1955), pp. 682—699; "Values", in *An Appraisal of Anthropol-
ogy Today*, ed. Sol Tax, *et al.* (Chicago University of Chicago Press, 1953),
chap. Xvii, pp. 322—341; Clyde Kluckhohn, "Values and Value Orientation in
the Theory of Action", in *Toward a General Theoryof Action*, ed. T. Parsons and
E. Shils (Cambridge: Harvard University Press, 1951), pp. 388—433 and papers
published or forthcoming of the study, under Kluckhohn's direction, of values in
certain communities of the southwaest; A. L. Kroeber, "Reality Culture and Value
Culture", in *The Nature of Culture* (Chicago: University of Chicago Press, 1952),
pp. 152—168.

去理解问题和评析问题，以及如何去正确地报导原始型的以及自给自足型的社会里人们的基本价值观。说不定今天的人类学学者们到现在还没学会如何来处理例如"探讨士绅阶层的总体气质和农民的总体气质之间的相互依赖关系"的问题呢！因为这个问题要比理解和评析以及正确地报导原始型的以及自给自足型的社会里的人们的基本价值观更复杂得多啊！

在本章所报道的那个讨论会的初始阶段里就进行了讨论的那个问题，在它的提法本身上就是有缺陷的；因为它是被用一种既是措辞很极端又是语意很含混的表达方式来提出的，所以它本身就不是一个合乎逻辑和合乎科学的提问。对这样的一个提问进行讨论，那是不会得出什么有实际意义的结果的。如果探讨的目的真是为了在精确的定义和严谨的比较分析的基础上，用严肃的态度来推敲和确立真理的话，那么为了要弄清什么是农民的价值观我们就必须先行探讨和弄清一系列与农民价值观有关的具体问题（例如"如果土地的租赁起了变化，那么它会使农民的家庭关系以及农民家庭对土地的态度产生什么样的变化？"①或者"当有很多的土地可以供租赁的情况——玛雅人就是这种情况——下农民是否会考虑多生儿女？"等这一类的具体问题）。

在讨论正题之前先把一些可能由正题派生出的问题弄

---

① Donald S. Pirkin, "*Land Tenure and Family Organization in an Italian Village*" (Ph. D. thesis, Harvard University, 1954).

清楚是有很多好处的。另外，在讨论和分析问题的时候既需要有想象力也需要有分析问题的技巧；这两者是相辅相成的，而且也是缺一不可的，否则我们在讨论中就无法最终找出真理来。凡是立志要追求真理的人无一可以不在一定的程度上具备想象力和分析问题的技巧。当然，在一个研究人员的身上，想象力和分析问题的技巧这两者彼此之间应该是几对几的比例才算合宜？这就要依照具体的人和他所研究的具体问题的情况而定了。总之，这两者间的比例在不同的人和不同的探讨对象的情况下会有很大的变化幅度的。什么叫做"真正地认识到了不同的研究对象之间存在着'相似性'"呢？什么叫做"真正地认识到了不同的研究对象之间存在着'统一性'"呢？那就是：当你能把这"相似性"或这"统一性"用精确的语言把它表达出来；不仅能用精确的语言表达出来，而且能用程序来证明它的存在，并且你所使用的精确的表达语言以及你所提出的用以证明它的存在的程序都完全是应该经得起检验的。当然，从另一方面说，在你真正地认识到了不同的研究对象之间的"相似性"和"统一性"之后，下一步的研究程序就易于制订了，因为如果我们把整个研究工作比拟为一把刀的话，那么下一步的研究程序的确定就等于是让这把刀有了刀刃。否则这把刀只会是一把没有刃的刀。只有这样我们才能在下一步的研究程序的指引下把整个研究工作推向一个光明的前景。